거절에 대처하는

영업자의 대화법

**Smart
Edition**

거절에 대처하는
영업자의 대화법 Smart Edition

개정 1판 1쇄 발행 2020년 4월 20일

지은이 권태호 / **펴낸이** 배충현 / **펴낸곳** 갈라북스 / **출판등록** 2011년 9월 19일(제2015-000098호) / 경기도 고양시 덕양구 중앙로 542, 707호(행신동) / **전화** (031)970-9102 **팩스** (031)970-9103 / **홈페이지** www.galabooks.net / **페이스북** www.facebook.com/bookgala / **전자우편** galabooks@naver.com / **ISBN** 979-11-86518-42-7 (03320)

이 도서의 국립중앙도서관 출판예정도서목록(CIP)은 서지정보유통지원시스템 홈페이지(http://seoji.nl.go.kr)와 국가자료종합목록 구축시스템(http://kolis-net.nl.go.kr)에서 이용하실 수 있습니다. (CIP제어번호 : CIP2020013413)

))))**YES** 를 이끌어내는
영업의 기술

거절에
대처하는
영업자의
대화법

**Smart
Edition**

"영업은 성공으로 갈 수 있는 최고의 직업이다."

나는 전문대 출신이다. 영업을 배우는 일은 학력이 필요 없다. 오히려 학력이 방해가 될 때가 많다. 누구나 할 수 있고 자격증이 필요한 것도 아니다. 길거리에서 분양영업, 기업교육 회사 인턴으로 교육영업, 국내·다국적 제약회사 영업부, 외국계 IT회사 세일즈 매니저까지 다양한 영업을 경험하며 전국 영업 1등이 되고 억대수입을 올리는 1인 기업가가 되었다. 이제 그 살아있는 이야기를 많은 사람들에게 들려주고자 한다.

이 세상 모든 영업의 본질은 결국 고객의 마음을 얻는 것이다. 고객이 왜 우리 제품을 좋아하는지, 어떤 부분을 불편해하는지, 그들이 원하는 것은 무엇인지 끊임없이 연구해야 한다.

영업 전략은 결국 기술이 아니라 사람을 향해 있다는 것을 알아야 한다. 이것이 바로 영업의 본질이며 많은 영업인들이 간과하고 있는 문제이기도 하다.

현재 영업 코치로 활동하고 있다. 수많은 사람들을 코칭, 컨설팅하며 느낀 것은 나에게는 너무도 당연하고 자연스러운 것이 다른 이들에게는 큰 도움이 될 수 있다는 것을 깨닫게 되었다. 그래서 '한국세일즈연구소'를 개설해 더 많은 영업 정보를 공유하고 있다. 초보영업자가 영업 현장에서 '이기는 영업'을 하는 것이 쉬운 일은 아니다. 어떤 분야든 실수를 통해 배운다고 하지만 영업에서의 실수는 초보영업자가 감당할 만큼 가볍지 않기 때문이다. 그러나 실수를 줄이면 실패도 줄어든다. 실수를 줄이는 방법은 영업에 대한 방향과 태도를 분명히 하는 것이다.

42.195km 마라톤 완주를 위해서는 평소에 기초 체력을 키워야 한다. 이처럼 영업에 관한 기초 체력을 키워 주고, 영업의 마인드와 실행력을 바로 세울 수 있는 방법을 이 책을 통해 상세히 이야기했다. 기존에 영업 좀 한다고 하는 사람보다는 전혀 지식이 없는 사람에게 매우 효과적인 책이 될 것이다.

영업을 처음 시작하는 직장인이라면 전문가에게 제대로 배워 시간을 벌어야 한다. 영업은 일종의 '영업의 정석 매뉴얼'이 존재한다. 체계적인 영업 시스템을 몸에 익혀야 어떤 영업이든 한결같이 실행을 할 수 있다.

영업은 '성공으로 갈 수 있는 최고의 직업'이라고 생각한다. 나이가 많건 적건, 학력이 높건 낮건 누구에게나 도전할 수 있는 기회를 제공한다. 그리고 자신이 노력하고 이루어낸 성과만큼 충분한 보상이 이루어진다.

이 책의 메시지는 간단하다. '내 인생의 주인은 나다'이다. 모든 선택과 행동은 내가 해야 한다. 그 누구도 당신의 인생을 대신 살아 주지 않는다. 눈치 보지 말고 온전히 나만을 위해 내 인생을 계획하고 실행할 때, 비로소 자신이 원하는 미래의 모습이 만들어지고 꿈을 이룰 수 있다는 것이다. 나도 예전에는 내 인생을 다른 사람에게 맡겨 진짜 내가 아닌 삶을 살았고 남을 위해 돈을 벌었다. 하지만 모든 것은 깨닫고 난 후에야 나 자신을 위한 인생과 도전이 얼마나 중요한지 깨달았다. 내가 나의 성공을 위해 영업에 도전하지 않았다면, 그리고 작가의 꿈에 도전하지 않았다면, 또한 1인 기업에 도전하지 않았다면, 지금의 나는 존재하지 않을 것이다.

지금 당신의 인생과 영업에 지치고 힘들다면 이 책을 읽으며 '권태호'라는 새로운 동반자이자 친구, 멘토를 얻길 바란다. 또한 당신이 원하는 성공을 이루길 간절히 바란다.

마지막으로 영업현장에서 함께 울고 웃었던 팀원들, 그리고 아낌없이 지지해 주시는 양가 부모님과 가족들에게 존경을 담아 감사의 마음을 보낸다.

내 인생의 보물이자 세상에서 가장 사랑하는 아들 우주, 우진, 우빈이. 내가 영업을 시작하고 꿈에 도전할 수 있게 용기를 주고 항상 나를 믿고 더 멋진 사람으로 만들어주는 사랑하는 아내와 내 삶의 시작과 끝을 동행하며 늘 함께 해주시는 하나님께 이 책을 바친다.

권태호

PART 2

'거절'에 대처하는 고수의 자세

PART 3

마법과 같은 '경청'의 힘

PART4

'예스'를 이끌어내는 영업비법

PART 5

영업은 노력이 아닌 습관이다

영업고수가 되기 위한
필수 조건

"삶의 향상은 항상 마음속 그림의 향상에서 시작된다.

마음속 그림이 유도장치가 되어 그 그림을 실현하는 방향으로

우리의 행동을 이끌기 때문이다."

_브라이언 트레이시

1 1등 영업고수들은 무엇이 다른가?

몇 해 전 브라이언 트레이시Brian Tracy 코리아에서 세일즈 강사 오디션을 진행한 적이 있었다. 설마하며 제출했던 서류가 합격이 되고, 떨림으로 진행했던 면접 그리고 20분 세일즈 강연 프레젠테이션 발표까지. 결과는 최종 합격. 혜택으로는 브라이언 트레이시 세일즈 일반과정부터 교수양성과정까지 전 과정을 무료로 교육 받을 수 있었다.

내가 영업으로 경험을 쌓은 지도 십 수년이 훌쩍 넘었다. 그동안 교육제안 영업, 분양영업, 제약영업, IT영업 분야를 경험했다. 대학을 졸업하기도 전에 기업교육회사인 한국리더십센터 인턴으로 근무했었다. 그곳에서 기업, 학교, 기관에서의 교육 필요성과 중요성에 대해 제안하고, 고객관리, 영업을 주로 맡았다. 회사에서는 나에게 프레젠테이션, 발표의 기회를 제공하기도 했다. 그 외 동기부여, 리더십, 영업마케팅 분야의 값비싼 교육 기회를 주기도 했다. 짧은 기간 동안 참으로 많은 경험을 할 수 있었다.

우연히 서점에서 발견한 『제약영업의 기술』이란 책을 통해 제약회사와 제약영업에 대해 관심을 가지게 되었다. 이렇게 나는 책을 통해 국내 제약회사 영업부에 입사했다. 실제 기업 현장에서 영업을 배운다는 생각으로 업무에 임했다. 만나는 모든 고객이 나의 스승이었다. 일상이 스토리였고 누구보다 열심히 그리고 즐겁게 일할 수 있었다. 이는 남들보다 2배로 일하는 원동력이 되었다. 밤낮 가리지 않고 일한 결과 입사 6개월 만에 200%의 성장을 이루었다. 나는 사장님과 전국의 영업사원이 모이는 자리에서 성공사례를 발표했다.

입사 1년이 되던 해, 고객의 소개로 외국계 제약회사 영업부에 대해 알게 되었다. 그러곤 입사 1년 2개월 만에 이직에 성공했다. 외국계 회사는 국내 회사와 다른 점이 많았다. 기본적으로 연봉, 복지는 우수한 편이었다. 서로를 존중해 주는 분위기, 문화도 좋았다. 하지만 이직하고 1년 동안은 회사 시스템에 적응하느라 정신없이 시간을 보냈다.

나는 누구보다 자신감이 넘치는 직원이었으며, 무엇이든 결과를 만들어 냈다. 결국 'PSR of the Year' 영업에서 1등을 했다. 서재 옆에 위치한 선반 위의 트로피를 볼 때면 입가에 미소가 저절로 번진다. 집중적이고 몰입적인 세일즈를 통해 남들이 부러워할 만한 성과를 빠른 시간 내에 이루었다. 경제적으로도 많은 여유가 생겼고, 결혼도 하고, 자녀도 3명이나 선물 받았다. 이건 축복이다.

▎ 원하고 바라는 것

세일즈 강사 오디션에 최종 합격할 수 있었던 비결은 영업 현장에서 직접 경험한 나의 스토리와 생각을 잘 정리하여 발표했기 때문이었다. 세계적으로 유명한 자기계발 작가 브라이언 트레이시의 세일즈 코치 트레이닝 과정에 참여할 수 있는 기회를 얻은 나는 누구보다 열심히 공부하고, 생각하고, 영업 현장에 적용해보았다. 그는 이렇게 말했다. "삶의 향상은 항상 마음속 그림의 향상에서 시작된다. 마음속 그림이 유도장치가 되어 그 그림을 실현하는 방향으로 우리의 행동을 이끌기 때문이다."

영업고수들은 대부분 자신이 '되고 싶은 모습'과 '살고 싶은 삶'의 이미지를 항상 생각한다. 원하고 바라는 것을 이루려면 반드시 자신이 바라는 이미지에 매달려야 한다.

영업고수가 되고 싶으면 그 분야 1등 고수들을 직접 찾아가서 만나고, 배우고, 실제 영업현장에서 적용도 하고, 시각화를 해야 한다. 시각화는 '마음의 눈'으로 '관념의 그림'을 그리는 작업이다. 반드시 경험하고 싶은 일을, 이루고 싶은 목표를, 원하는 삶을 시각화해야만 한다.

상상 속에서는 결코 실패할 일이 없다. 마음의 눈으로 성공을 그리면 성공하는 습관이 생긴다. 그것이 곧 나의 미래를 현실로 당기는 '시각화의 힘'이다.

❙ 나는 왜 영업을 하는가

대학 졸업 전 인턴으로 입사한 기업교육회사에서 일한 영업의 경험, 국내와 다국적 제약회사 영업부, 외국계 IT회사 세일즈 매니저까지 근무하면서 깨달은 부분, 대학교 때부터 읽었던 영업마케팅과 관련한 수많은 책들, 직장생활을 하며 수없이 세미나에 참석해 배운 것 등 나의 경험과 지식을 통해 영업 고수들의 두가지 특징을 발견할 수 있었다.

첫째, 이 일을 통해 원하는 목표를 성취하려는 사람들이다. 10년 전, 나는 강연가가 되겠다는 창대한 목표를 가졌다. 하지만 어떤 과정을 통해 강연가가 되는지 알지 못했다. 알아본 바로는 기업의 인사, 교육부서에 입사해 경력을 쌓아야만 내가 기대했던 강연가가 될 수 있었다.

인터넷을 통해 알아본 바 강연가가 되는 또 다른 방법이 있었다. '강사아카데미 과정'을 마치게 되면 기업교육회사에 취직해 강연가가 되는 것이었다. 나는 왠지 두 가지 방법 모두 끌리지 않았다. 우선은 비좁은 책상에 앉아 하루 종일 업무를 보는 것에 자신이 없었다. 그리고 강사아카데미 과정을 수료한다고 해도 '살아 있는 강연을 할 수 있을까?'라는 의구심이 들었기 때문이다.

한국리더십센터 인턴으로 근무하면서 꽤 유명한 강연가분들을 많이 만날 수 있었다. 그런데 그분들의 이력을 살펴보니 기업 현장에서 영업, 마케팅을 경험한 사람들이었다. 그 경험에 이론을 더해 강의를 하시는 분들의 강연료, 몸값이 높다는 것을 알게 되었다. 강연료가 높게 책정되어 있다는 것은 그만의 가치가 제대로 평가된다는 의미이기도 하다.

결국 나는 영업을 선택했다. 이처럼 강연가의 꿈을 이루기 위해 나는 누구보다 치열하게 살고 있다고 자부한다. 원하는 꿈이 있기에 행복하고, 감사한 마음이다. 그 과정에 일어나는 일들은 훗날 강연의 스토리에 더없이 소중한 자료가 된다. 매 순간마다 내가 진심으로 사람을 대하려고 하고, 모든 일에 열정적으로 노력을 기울이는 이유이기도 하다.

둘째, "판매 성과를 높이기 위해 지금 당장 내가 할 수 있는 것이 무엇이지?" 자신이 바로 사장이라는 마인드를 가지고 있다. 스스로 영업도 하고 마케팅도 한다. 모든 것을 책임지고 수행한다. 하지만 대부분의 사람들이 자기 자신에 대해 능동적이지 못하고 수동적인 관점을 가지고 있다. 자기 자신의 삶에 대해 책임을 지고 주도적인 사고를 하기 보다는 단지 소극적이고 수동적으로 회사가 나서서 무언가를 해주기만을 기다릴 뿐이다.

과거와 현재의 영업상황은 다르다. 방식도 바꿔야 한다. 앞으로 변화는 더 거세게 올 것이다. '나는 왜 영업을 하는가?'에 대한 끊임없는 질문과 답변을 스스로에게 해야 한다. 또한 현재 성과를 올리기 위해 어떤 방법을 취해야 하는지에 대해서도 자문해야 한다. 영업고수들은 끊임없이 자신에게 질문을 던지는 사람들이다.

"나는 지금 '왜' 이 일을 하는가?" 우리가 기억해야 할 것은 영업고수들은 오랫동안 잊고 지냈던 바로 그 질문을 자주 던진다는 것이다. '무엇을' 할 것인가, '어떻게' 할 것인가, 그보다 더 중요한 우리의 가슴을 뛰게 하는 핵심 질문이기 때문이다. 운이 좋아서 영업고수가 되는 경우는 거의 없다는 것이다. 따라서 축적된 지식과 오랜 경험에다 피나는 노력을 더해야 한다. 그러할 때 하늘은 스스로 돕는 자를 돕게 마련이다. 이는 모든 영업고수들이 가지고 있는 성공비결이다.

Point

– 해당 분야의 고수를 찾아 배우고 익혀라

– 매 순간 진심으로 사람을 대하라

– 모든 일에 자신이 바로 사장이라고 생각하라

– '왜 이 일을 해야 하는가?' 자신에게 끊임없이 질문하라

– 운이 좋아서 일이 잘되는 것은 없다고 믿어라

2 긍정적인 마음을 가지고 있다

최근에 『2억 빚을 진 내게 우주님이 가르쳐준 운이 풀리는 말버릇』을 재밌게 읽었다. 심리테라피스트이자 스피리추얼 카운슬러로 활동하고 있는 저자 고이케 히로시는 실제로 의류점을 운영하면서 진 2,000만 엔약 2억 원의 빚 때문에 파산 지경에 몰린 장본인이다. 벼랑 끝에서 우주와의 연결을 생각해내고, 긍정적인 말버릇으로 잠재의식을 정화함으로써 빚을 모두 청산하고 인생을 역전시키는 데 성공했다. 책의 저자는 소원을 이루려면 세 가지 규칙을 반드시 해야 한다고 말하고 있다.

첫째, 결과를 정하고 우주에 주문을 낼 것

둘째, 우주로부터 오는 힌트는 처음 0.5초 내에 곧바로 실행

할 것

셋째, 말버릇을 긍정적으로 바꿀 것

나는 아침에 일어나 출근준비를 하며 거울을 본다. 거울에 비친 내 모습을 보며 빠지지 않고 외치는 말이 있다.

"오늘도 감사합니다." "오늘도 행복합니다."

당신의 말버릇은 어느 쪽인지 생각해보길 바란다. 말버릇을 통해서 그 사람이 마음속으로 무엇을 믿고 있는지 단번에 알수 있다. 입 밖으로 나오는 말은 진동을 한다. 말에는 영혼이 깃들어 있다. 우리는 예전부터 말에 강력한 에너지가 깃들어 있다는 사실을 알고 있었다. 사람은 잠재의식을 통하여 평소의 말버릇을 우주로 보낸다. 우주에서 증폭되기를 바라는 에너지를 스스로 선택하고 끊임없이 주문을 하고 있는 것이다.

살다 보면 누구나 시련을 겪게 된다. 아무런 시련 없이 평탄하게 사는 사람은 없을 것이다. 우리가 시련으로부터 자유로울 수 없다면 시련을 긍정적으로 대하는 마음을 가져보는 건 어떨까? 시련은 변형된 축복이라고 말한다. 시련을 고통으로 받아들이지 않고 자신을 한층 성숙하게 변화시켜주는 계기로 생각해보는 것이다.

긍정적인 사람이 성공한다. 긍정적인 사람은 어떤 어려움에 내몰려도 포기나 실패라는 단어를 떠올리지 않는다. 어려움 속에도 희망은 있다고 생각하며 이겨내려고 노력한다. 반대로 부정적인 사고는 충분히 할 수 있는 일도 좌절하고 포기하게 만든다. 부정적인 사고 속에는 실패에 대한 두려움과 의심이 가득하기 때문이다. 잘되고 싶고, 잘하고 싶다면 부정적인 생각을 머릿속에서 지워야 한다.

▮ 잘되고 싶다면, 잘하고 싶다면

나는 학창시절 그다지 행복하지 않았다. 인생의 노선도에서 가장 예민한 고등학교 시절 나의 부모님은 거의 매일 다투셨다. 술에 취해 주정하던 아버지, 고래고래 소리를 지르며 싸우던 어머니의 모습이 아직도 생생하다. 결국 두 분은 내가 고등학교 3학년 때 이혼하셨다. 경제적으로 어려운 상황의 연속이었다. 고등학교 시절 나는 우유 급식을 받지 못했다. 급식비가 없었기 때문이었다. 한 친구가 나에게 말했다.

"태호야, 넌 왜 우유 안 먹어?"

"나는 우유 먹으면 속이 안 좋아서 못 먹어…."

사실 우유와 계란, 두부와 생선은 어른이 된 지금도 즐겨먹는다. 그때는 먹고 싶어도 먹을 수 없는 형편이었다. 집안 사정을 누구보다 잘 알고 있었기에 먹고 싶다고 말할 수 없었다. 여동생과 나는 부모님 덕분에 일찍 철이 들었던 것 같다.

이처럼 상황이나 문제가 발생했을 때 바라보는 관점에 따라 결과는 엄청난 차이가 난다. 부모님 이혼 후 여동생과 나는 가출을 하거나, 더 삐뚤어 질 수도 있는 상황이었다. 하지만 우리 남매는 그 상황을 그대로 받아들였다. 최대한 긍정적으로 문제를 바라보려고 애썼다. 또한 우유급식을 받고 싶었으나 형편이 안 되는 상황을 그대로 받아들였다. 이때부터 나의 생각과 말 그리고 행동을 다음과 같이 했다.

"상황은 어렵지만 더 좋은 환경으로 나아가고 있는 과정일 뿐이야."

"지금 모든 것이 다 잘 되고 있어."

영업현장에서도 똑같이 적용했다. 영업 세미나에 고객을 초청해야 하는 상황이었는데 일정이 촉박하여 바쁘게 움직이고 있었다. 거래처에 도착하여 입구에 들어가려는 순간 누군가가

길을 막고 서는 게 아닌가.

"죄송한데요, 너무 무거워서 그래요. 이 짐 좀 함께 2층으로 가져다 줄 수 있을까요?"

처음 보는 여성분이었다. 사실 너무 바빠서 '저 시간이 없어요!'라고 말하고 싶었지만 속으로 꾹 참았다.

"네, 제가 도와 드릴게요"

그렇게 도움을 드리고 거래처에 올라왔는데 병원에 대기하고 있는 환자분들이 너무 많아서 원장님을 바로 뵐 수 없는 상황이었다. 바로 그때 아까 그 여성분께서 나를 부르시는 게 아닌가. 함께 진료실에 들어가 바로 원장을 만나 세미나 참석 허락을 받을 수 있었다. 그녀는 원장의 아내였다.

우리가 긍정적인 생각과 믿음을 가지고 있느냐에 따라 햇살이 가득한 눈부신 인생을 살 수도 있고, 암흑 같은 우울한 인생을 살 수도 있는 것이다. 영업고수들은 언제나 긍정적인 말을 한다. 긍정적인 말의 힘을 잘 알기 때문이다. 일을 하다가 예기치 못한 상황이 발생되면 그들은 다음과 같은 말을 주로 한다.

"좋은 결과가 나오는 과정이야."

"난 뭐든지 할 수 있어."

"다 잘 되고 있어."

그들은 어려운 상황 속에서도 긍정적인 말과 생각을 함으로써 용기를 낸다. "같은 말을 반복하면 반드시 그렇게 된다"는 인디언의 금언이 있다. 평소 자신이 말하는 대로 살게 된다는 뜻을 담고 있다. 말은 마음의 알갱이와 같다. 어떤 말을 즐겨 하느냐에 따라 환경이 달라지고, 인생이 변한다.

"나는 역시 안 돼." "되는 게 하나도 없어." "죽겠네."

이런 부정적인 말을 입에 달고 사는 이들이 있다. 결국 이들은 자기가 말한 대로 살아가게 된다. 매일 비관적으로 말하고 생각하는 사람의 환경은 더욱 우울해질 것이다. 그러나 마음에 기쁨과 행복, 희망을 말하는 사람들의 미래는 조금씩 밝게 빛나게 될 것이다.

고객들은 표정만 봐도 우리의 심리상태를 안다. 여러분이 즐겨하는 말은 고객과 가까워지는 말인가? 아니면 영업을 힘들게 하는 패자와 가까워지는 말인가? 고객과 가까워지는 말은 밝고 에너지가 넘친다. 얼굴에 미소로 드러나게 된다. 반대로 불평, 불만으로 가득한, 실패와 가까워지는 말들의 에너지는 떨어져 있기 때문에 힘이 없다.

영업도 마찬가지다. 어떤 일을 함에 있어 '반드시 성과가 난다'와 같은 자기암시는 성공적인 결과를 낳고, 반대로 '이게 될까?' '아마 안 될 것 같은데'와 같은 부정적인 암시는 반드시 실패를 낳게 되어 있다. 이것이 바로 '영업의 성공 법칙'이다.

1등 영업고수들은 긍정적인 마음을 가지고 있다.

3 영업고수들은
행동하는 사람이다

"권태호 오늘도 파이팅!"

"태호야 오늘도 왠지 좋은 일이 가득할 것 같다!"

아침에 눈을 떠 출근 준비를 한다. 거울을 보며 매일같이 외친다. 누구에게 보여주기 식이 아니라 혼자 큰 소리로 외치고 집을 나선다. 매일 같이 반복하다 보니 첫째 아들이 이제는 따라하곤 한다. 긍정적 효과가 두 배, 세 배가 되어 하루를 더 힘차게 해주는 좋은 느낌이 든다. 성공한 사람들은 아는 것을 행동으로 옮기는 사람들이다.

"아는 것은 힘이다"는 말이 있다. 이는 잘못된 말이다. "아는 것을 실행하는 것이 힘이다."

영업고수들은 목표달성을 위해 꾸준한 실행력을 보인 사람들이고, 노력의 중요성에 대해 실행한 사람들이다. 장영식 에이산 회장의 말처럼 아무리 가진 것 없고, 내세울 것이 없어도 꿈과 함께 노력이 따라준다면 반드시 원하는 것을 성취할 수 있기 때문이다.

영업고수들은 영업을 생각으로 하지 않는다. 처음부터 끝까지 생각만 해서는 별 도움이 안 된다는 것을 잘 알고 있다. 즉 그들은 행동하면서 생각한다.

'행동하는 영업'은 대단히 중요하다. 영업을 하면서도 큰 변화를 일으키지 못하는 사람들이 얼마나 많은가. 고객을 만나면서 자기가 뭔가 하고 있다고 착각하지만, 생각만으로는 사실 아무 일도 일어나지 않기 때문이다. 그러니 행동하면서 생각을 하는 실전 영업을 해야 한다.

훈련이 필요하다. 나는 크든 작든 영업의 도움이 필요한 사람들에게 실질적인 도움을 드리고자 영업교육프로그램을 운영 중이다. 도움을 받고자 한다면 나에게 메일을 보내면 된다.

1등 영업을 하는 사람은 행동하면서 생각한다. 늘 도전하고 변화하는 사람이다. 당연히 예상하지 못한 장애물이 닥칠 수도 있고 큰 벽이 나타날 수도 있다. 성과를 내기 위해서는 많이 연습할 수밖에 없다. 넘어지는 법을 알아야 일어서는 법도 알 수 있다. 현장에서 직접 몸으로 부딪히고 마음을 담아 고객에게 전달하고 배운 것들은 온전히 자신만의 것이 된다.

행동을 하면 생각, 아이디어가 떠오른다. 그걸 행동으로 옮겨 현장에 적용해봐야 성과로 이어지는지 그렇지 않은지 알 수 있다. 성과가 나면 OK. 그렇지 않으면 교훈이 된다. 지금 현장에서 고객 혹은 거래처에 하고 싶은 일이 있다면 그게 무엇이든 당장 시작해보자. 아무도 하지 않고, 가지 않았다고 해서 두려워하지 말라. 많은 사람들이 하는 영업은 차별화가 될 수 없다. 다른 영업사원들이 하지 않는 당신만의 것을 찾아야 성공할 수 있다.

▌ 행동하는 영업

영업을 선택한 나는 국내 제약회사 영업부에 입사했다. 어엿한 직장인이 된 것이다. 처음에는 아무것도 모르기 때문에 회사에서 선배가 시키는 데로만 열심히 배우고 익혔다. 3개월이 지나자 영업에 대해 조금씩 안목이 생기기 시작했다. 기존에 나와 있는 선배들의 성공방식을 바탕으로 나만의 색을 조금씩 입혔다. 그때부터 영업이 재미로 다가왔다.

입사한 후 내가 담당한 거래처는 지역 내 위치한 모든 소아과병원이었다. 제약영업은 한정된 고객과 거래처에 수많은 제약회사 영업사원이 있다. 때문에 어떤 영업보다도 경쟁이 치열하다. 이 환경에서 살아남기 위해서는 자신만의 특별한 영업을 할 줄 알아야 한다. 영업 프로그램을 진행하면서 나는 수강생에게 늘 말하는 것이 있다. 영업을 알기 전에 나를 바로 알아야 한다는 것이다.

이를 바탕으로 내가 고객에게 어떻게 도움을 줄 수 있을지, 나의 제품을 다른 영업사원들과 어떤 차별화로 전달할 수 있을지 알 수 있기 때문이다. 지역 내 반드시 거래처로 확보해야 할 일명 A급 거래처가 있다. A급 거래처란 병원의 규모보다는 지역 내 입소문이 잘 나서 수많은 환자들이 방문하는 병원을 말한다.

나는 담당지역내 위치한 A급 소아과병원을 확보하기 위해 다양한 방법을 행동으로 옮겼다. 우선 병원에 방문하여 '이 소아과병원에 왜 환자가 몰리는지' '환자에게 더 필요한 것은 없는지'에 대해 분석하고 연구하기 시작했다. 이후 주요 관계자 분들과의 친분을 쌓기 위해 노력했다. 이러한 과정에서 기본적으로 환자 대기시간이 상당히 길어 '환자분들이 재밌게 웃으면서 대기할 수 있는 프로그램이 있으면 좋겠다'는 생각을 하게 되었다.

즉시 나는 제안서를 작성했다. 당시 내가 가지고 있던 자격증을 최대한 활용하여 나만의 특화된 영업 프로그램을 만들기 시작했다. 레크리에이션 강사 자격, 풍선아트 강사 자격이 있었던 나는 환자들이 대기하는 동안 아이들에게 풍선을 활용하여 꽃, 칼, 강아지, 인형 등을 만들어 선물했다.

특히 주말에 많은 환자들이 대기실에서 기다려야 한다는 걸 알게 되었고, 나는 회사에 요청하여 팝콘기계를 받았다. 대기하면서 팝콘을 만들어서 전달하기도 했다. 팝콘이 터지는 동시에 나의 성과도 터지기 시작했다. 시간이 갈수록 대기환자들의 만족도는 올라갔고, 병원 관계자들과도 금방 친해질 수 있었다. 대표원장과 원무부장의 활짝 웃는 모습이 지금도 눈에 선명하게 그려진다.

▌ 200% 성장 신화

내가 다녔던 첫 직장은 매출액 600억 규모의 탄탄한 중견제약회사였다. 입사한 지 불과 3개월 만에 실적이 나기 시작했다. 결국 나는 6개월 만에 200% 성장의 신화를 이뤄냈고, 직장 동료로부터 부러움과 시기를 한 몸에 받으며 성장했다.

내가 만약 생각만 했다면 아무런 일도 일어나지 않았을 것이다. 이것은 자명한 사실이다. 평범한 영업사원들과 다르지 않게 일했을 것이다. 하지만 나의 강점을 최대한 활용하여 제안서를 작성했고, 이를 적극 실행했다. 결국 성과가 누구보다 빠르게 나올 수 있었던 비결이다. 지금 거래처에 혹은 고객에게 적용하고 싶은 생각이나 아이디어가 떠오르는가. 그렇다면 즉시 행동으로 옮겨야 한다.

그 후로도 나는 계속 새로운 영업 방식에 대해 공부했다. 성과가 오르니 경제적으로도 여유로운 생활을 했다. 다른 영업

방식에도 자유롭게 도전할 수 있었다.

영업현장에서 나는 거래처에서 필요로 하는 부분을 적절한 타이밍에 제안한 후, 결과를 낸다. 예를 들어 산부인과에서 분만 후 산모들을 위한 '산모를 위한 강좌'에 필요한 내용 제안과 함께 강사섭외까지 도움을 준다. 영업목표달성을 위한 아이디어가 떠오르면 즉시 실행으로 옮기는 것이다.

영업고수들은 행동하는 사람이다. 지금 이 순간에도 누군가는 열심히 행동하며 현장에서 아이디어를 실행으로 옮기고 있다. 당신도 당장 행동으로 실천해보라. 행동한다고 해서 거창하게 생각할 필요 없다. 그저 그동안 당신이 해온 일을 정리하고 그 일에서 얻었던 아이디어를 행동으로 옮긴다고 생각하면 된다. 지금부터 행동하길 바란다.

Point

– 많은 사람이 하는 영업은 차별화가 될 수 없다.

– 자신만의 특화된 프로그램을 개발하라

4 영업은 성과가
전부라고 여긴다

국내 제약회사 영업부에 입사한 후, 제품지식을 쌓기 위해 매일 새벽에 일어나 공부한 후 출근했다. 약 3개월 동안 미친 듯이 학습하고 외웠다. 거래처 고객관리를 위해서도 늦은 밤까지 아이디어를 짜냈다. 괜찮은 아이디어가 떠오르면 즉시 메모하고 다음 날 현장에 바로 적용했다. 정말 빠르게 결과가 나오니 일도 재밌었다.

입사 1년 2개월. 외국계 제약회사 영업부 이직에 성공했다. 마찬가지로 제품지식을 공부하며 고객관리에 몰두했다. 3개월이 지나고 6개월이 지났다. 아무런 결과가 나오지 않았다. 누구보다 열심히 했다고 자신한다. 매일 새벽에 일어나 제품에 대한 공부를 하고 저녁 늦은 시간까지 고객을 만나 제품에 대한 설명을 했다. '난 지금 누구보다 열심히 하고 있는데 왜 결과가 나오지 않을까?' 무슨 차이였을까? 나는 멘토에게 전화를 했다.

"영업이 잘 안 돼요. 결과가 안 나와요"

멘토는 내게 말했다.

"왜 그렇게 생각하니?"

"제가 국내 제약회사에서 근무할 때랑 이곳에서 근무할 때랑 똑같이 열심히 했는데 결과가 안 나와요. 이유를 모르겠어요." 그 때 멘토가 두 가지 말을 해줬다.

첫째, 타켓팅이 잘 되어 있는지 다시 확인하라는 것이었다. 열심히 하는 건 기본이다. 열심히 하는 게 중요한 게 아니라 누구에게 열심히 하고 있는지 다시 살펴보라는 것이었다.

둘째, 열심히 하지 말고 전략적으로 일해야 한다는 것이었다. 어차피 상대평가다. 평가가 전부는 아니지만 직장에 있는 한, 일한 만큼 보상을 챙겨가는 똑똑한 사람이 되라는 것이었다. 모든 영업사원 다 열심히 일한다. 열심히 하지 않는 사람은 여기에 남아 있을 수 없는 구조다. 그러면 결과가 그 사람을 말해준다. 영업은 숫자다. 명심해야 한다.

그날 저녁 담당하고 있는 거래처를 모두 출력하여 확인했다. 내가 목표로 하고 있는 거래처의 상황, 놓치고 있는 부분은 없는지 등 타깃팅을 다시 확인하는 작업을 거쳤다. 또한 무작정 열심히만 해서는 안 된다는 경험을 통해 결과를 만들어내기 위한 영업을 했다. 전략적으로 말이다. 멘토가 전화로 해준 그 날의 충고는 지금도 잊지 못한다. 이후 영업현장에서 일을 하면서 끊임없이 나에게 물었다.

"결과를 만들어 내기 위해 지금 당장 할 수 있는 것은 무엇일까?"

"나의 시간과 노력을 누구에게 쏟을 것인가?"

▮ 결과를 내는 영업

지금은 과거의 그 어느 때보다 영업하는 사람들이 더 많아졌다. 그만큼 경쟁이 치열하다는 의미다. 또한 우리의 상품을 구매할 고객이 줄어들고 있다.

오늘날 영업은 과거보다 더 많은 노력과 준비가 필요하다. 영업을 했으면 결과를 내야 한다. 뭐든지 대충해서는 원하는 결과를 얻기 어렵다. 열심히 하는 건 기본. 제대로 해야 한다.

어디에 나의 시간과 노력을 투자할 것인가? 그 결과는 무엇인가? 영업고수들은 이러한 노력과 준비가 철저히 되어 있는 사람들이다.

그들의 공통점을 분석해 보았다. 그들에게는 3가지 공통점이 있다. 첫째, 영업의 목표를 분명히 한다. 자신의 현재 영업활동을 통해 앞으로 자신이 바라는 모습을 상상하는 사람들이다. 지금 하고 있는 영업을 통해 원하는 결과가 무엇인지 아는 사람들이다. 주변을 돌아보자. 영업의 목표를 분명히 하는 사람들은 적극적이고 긍정적이다. 그들은 모험을 즐기고 도전을 두려워하지 않고 어려운 일에도 희망과 기대감으로 나아간다. 반면, 영업의 목표가 불분명한 사람들은 새로운 일이나 어려운 일에 부딪히면 불안해하고, 두려워한다.

둘째, 목표달성을 위한 방법을 정확히 알고 있다. 누구나 목표의 중요성을 알고 있다. 영업고수들은 목표달성을 위한 방법을 정확히 알고 있을 뿐 아니라 그들의 목표는 구체적이고 명확하다. 예를 들어 '나는 오늘 하루 12군데의 거래처를 방문하여 6군데 이상 제품 신규를 하겠어.' 실제 6군데 이상 신규를 못해도 괜찮다. 고객을 만나 제품 설명을 통해 신규하면 OK. 안되면 교훈을 얻으면 된다.

셋째, 고객에게 제품의 가치 전달과 나중이 아닌 '지금' 구매해야 하는 이유, 즉 필요성에 대해 명확히 전달한다는 것이다. 영업고수들은 단순히 제품에 대한 설명으로 고객을 설득하려하지 않는다. 제품이 지니고 있는 가치에 대해 언급하는 사람들이다. 예를 들어 "A제품은 암을 예방할 수 있습니다"보다 "A제품을 통해 가족들과 더 오래 행복한 시간을 보낼 수 있습니다"가 더 가치를 전달하는 모습이다.

영업은 숫자다. 영업을 했으면 결과를 내야하고 성과가 나야한다. 그래야 영업이다. 나 역시 여러 가지 경험을 통해 수많은 고객들을 만나 제품 정보를 설명하고, 부탁하고, 제안했고, 그때마다 이런 생각을 많이 했다. '결정은 고객의 권리다. 고객이 긍정적으로 받아들이면 성과로 이어진다. 부정적인 반응이면 좌절하거나 포기하는 것이 아니라 교훈으로 삼으면 되는 것이다.' 굉장히 간단하면서도 명쾌한 원리다.

이런 반복적인 경험을 통해 긍정적인 고객을 최대한 많이 확보하는 것이다. 영업고수들은 목적 없이 일하지 않는다. 목표를 달성하기 위한 목적을 세운다. 목적을 성취하면 자연스럽게 성과가 나는 것이다. 정말 작은 차이가 영업과 비즈니스의 성패를 좌우한다. 영업의 성과만을 위해 독불장군으로 할 수는 없지만, 회사에서 월급을 받으며 우리는 일을 하고 있다. 시간이 남아 취미·특기를 배우는 학교가 아니다.

영업은 성과가 전부라고 여기는 영업고수들은 무슨 일이든 주어진 일에 최선을 다해, 최고의 결과를 만들어내기 위해 끊임없이 노력한다는 것이다. 지금 하고 있는 일에 '최고의 결과'를 만들어내기 위해 '최선을 다했다'고 말할 수 있는가. 정말 혼신의 힘을 다했다고 말할 수 있는가. 죽을힘을 다했는데 자신과 맞지 않는다는 생각이 든다면, 그때는 다른 일을 찾아야 한다.

시간이 남아서 취미생활을 하듯이 영업을 하면서 영업고수가 되는 경우는 없다. 따라서 지금 하는 일에 최선을 다해 목표달성을 위한 노력을 해야 한다. 이는 모든 영업고수들이 가지고 있는 비결이다.

5 최고에게 배운다

당신의 시간 도둑은 스마트폰 속의 게임이 아닌 '목표 없이 영업하는 나 자신'이다. 목표를 명확히 하고 계획을 세워 차근차근 실행해 나가야 한다. 혼자서 할 수 없다면 최고의 선배를 찾아서 배워야 한다. 못하는 것을 혼자 끙끙거리며 붙잡고 있는 것처럼 미련해 보이는 것도 없다.

진짜 제대로 배우고 싶다면 투자를 해야 한다. 영업을 잘하고 싶다면 그 분야 최고의 선배를 찾아가자. 비슷한 실력을 가진 사람에게 배워서 비슷한 성과를 얻는 것보다 그 분야 최고에게 찾아가 제대로 배워야 한다. 우리에겐 먼저 앞서 간 선배들이 있다. 멀리서 찾지 마라. 주변에서 함께 일하고 있는 선배에게 물어보자. 내 바로 위 직급의 선배일 수도 있고, 팀장일 수도 있고, 읽고 있는 책의 저자가 될 수도 있다.

세일즈 업계에서 매번 기록을 갱신하며 1분당 4,200만 원짜리 판매고를 올리며 특별해진 사람이 있다. 바로 『불황을 이기는 세일즈 전략』의 저자 김효석 대표다. 그에게는 쇼 호스트 시절부터 멘토 역할을 해준 여러 명의 사람들이 있었다. 그 중 한 사람은 고인이 된 이영권 박사다. 나도 그를 함께 만난 적이 있었다. 영업뿐만 아니라 삶의 지혜를 얻기에 충분한 시간이었다. 『세상을 이기는 힘 들이대 DID』의 저자 송수용 대표를 만난 건 작년 추운 겨울이었다. 그의 책을 읽고, 유튜브에 올라온 그의 강의를 모조리 들었다. 영업고수들의 마인드와 실행력에 대해 배웠다.

최고가 되고 싶으면 최고에게 배우면 된다. 너무도 당연한 이 말의 의미를 난 불과 얼마 전에 알게 되었다. 서로 상황이 비슷한 사람끼리 만나면 비슷한 생각을 하고 서로 위로하고 격려해주면서 결국에는 비슷한 인생을 살아간다.

나는 매주 토요일 새벽을 깨워 서울에 올라가서 영업, 마케팅, 코칭, 리더십 등에 대해 제대로 배울 수 있었다. 전문가에게 배운 내용을 바탕으로 실제 영업현장에서 적용을 해보는 것이다. 그렇게 나만의 지식과 경험으로 만들었다.

나만의 지식과 경험을 바탕으로 생각을 정리해서 영업고수들의 특징을 발견할 수 있었다.

첫째, 내가 옳다는 것에만 집착하면 안 된다. 내가 담당하고 있는 제품을 고객에게 설명하는 것에만 집착하면 안 된다. 고객의 마음을 터치할 수 있는 방법을 찾아야 하는 것이다.

둘째, 나는 금광석이다. 내가 금이라는 것을 알고, 깨닫고, 믿고, 행동해야 한다. 내가 금이기 때문에 고객들 앞에서 당당하고, 자신감이 넘친다. 고객들에게 늘 당당하고, 자신감 있는 모습을 보여주는 것은 영업에 있어 중요한 부분이다.

셋째, 영업은 상처와의 관계 정립이다. 영업은 계속해서 나에게 문제를 보낸다. 파도처럼 온다. 뒤에 있는 파도가 와서 치고, 내가 새로운 영업을 할 때마다 새로운 문제가 올 수 있다는 사실을 명심해야 한다. 왔을 때 대응할 수 있는 능력을 키우면 된다.

▌ 공짜 점심은 없다

영업현장에서 직접 발로 뛰면서 틈틈이 자기계발을 했다.

책을 읽으면서 나의 내면은 더욱 단단해졌고, 자존감 또한 상승했다. 책을 읽고 저자에게 감동을 받는 경우 그들을 만나고 싶은 마음이 커진다. 이제는 저자를 직접 만나는 일은 나의 흔한 일상이 되었다.

그 분야 최고에게 배운다는 의미는 신뢰형성이 되어 있기에 확신의 힘으로 믿을 수 있다. 즉시 행동으로 옮겨 성과를 낼 수 있다. 깨달음과 지혜를 얻을 수 있다. 일상을 대하는 자세가 달라졌고, 세상을 보는 관점도 달라졌다. 즐겁게 일을 하다 보니 더 큰 수입을 창출하고 있으며, 많은 사람들에게 인정받고 있다. 이 모든 변화는 최고에게 배우면서 시작되었다.

'공짜 점심은 없다'는 말이 있다. 최고를 만나려면 비용과 시간을 지불해야 한다. 최고에게 배우려면 더 큰 비용과 많은 시간을 투자해야 한다. 여기서 중요한 점은 가격보다 가치를 봐야 한다. 돈이 중요한 게 아니라 내재되어 있는 중심, 가치를 볼 줄 알아야 한다.

미국 제일의 부호이기도 한, 세계적으로 유명한 투자가 워런 버핏은 '가치란 물건을 살 때 벌어들이는 것'이라 했다. 돈을 씀으로써 자신에게 들어온 가치를 이용해 다시 새로운 부를 벌어들이는 것, 지식이 가져다 준 부가가치를 통해 부의 선순환을 일구어내는 것, 영업고수들은 이 비법을 일상화하고 있는 사람들이다.

그 분야 최고에게 배워야 하는 이유 세 가지를 살펴보자.

첫째, "시간을 지배하는 자가 인생을 지배한다"는 말이 있다. 최고에게 배우면 시간을 벌 수 있다. 그 분야 최고를 만나 그 지식과 기술을 제공받음으로 직접 시간을 들여서 해결하는 것 이상의 결과를 얻을 수 있다.

둘째, 그 분야 최고를 만나면 반드시 무언가를 느끼게 되어 있다. 그 사람의 풍기는 이미지, 옷 입는 감각 등 자극을 받는 경우가 있다. 자신을 들여다보며 반면교사적인 자극을 받기도 한다. 그런 모든 자극이 자신을 변화시키는 것이다.

셋째, 그 분야 최고의 사람은 근본적으로 나오는 의식이 완전히 다른 사람이다. 의식을 바꿔야 한다. 의식이 바뀌면 행동이 바뀌게 된다. 행동이 변하면 현실도 변화한다.

무슨 일이나 다 스스로 해결해 나가는 사람은 언뜻 보면 멋져 보일 수 있지만, 사실 현명함과는 거리가 멀다. 하루는 24시간이고, 몸은 하나다. 더구나 사람은 모든 영역의 전문가가 될 수 없다.

지금까지 수많은 책을 읽으면서 꼭 가보고 싶은 세미나나 강좌가 있으면 무조건 참석해서 들었다. 그 모든 비용을 합해 보면 수천만 원은 넘을 것이다.

왜 그렇게 많은 돈을 써왔을까? 바로 배움은 최고의 투자라고 확신하기 때문이다. 배움의 성과는 확실하게 자기 것이다. 게다가 경험을 더할수록 점점 더 성장하게 되어 부가가치가 올라가게 된다.

영업은 매 순간 쌓여서 만들어지는 것이다. 지금 이 순간도 곧바로 과거가 된다. 그 사실을 인식하고 순간순간 진심을 다해 최고에게 배우고 공부해야 하는 이유다.

영업현장에서 만나는 대부분의 고객은 나보다 나이, 지위, 학력이 높은 사람들이다. 내 고객은 그 분야 최고다. 그들과의 만남을 통해 영업의 질을 결정하는 가장 큰 요인인 '인간관계'를 배우고 있다.

나는 최고에게 배운 내용을 정리해서 나의 영업노트에 기록하고 있다. 나와 함께 근무하는 후배, 동료뿐 아니라 전국에서 영업하시는 많은 분들로부터 메일이나 문자로 그들의 고민과 문제를 나에게 보낸다. 난 그들의 이야기를 들어주고, 도와준다. 그들과의 코칭, 컨설팅을 통해 내가 최고에게 배운 내용을 다시 정리하게 된다.

영업고수들은 그 분야 최고에게 배우는 사람이다. 우리 미래의 열쇠는 지식과 기술 그리고 통찰력이다.

영업도 마찬가지다. 그 분야 최고에게 배우는 과정 속에서 생각이 정리되고, 아이디어가 마구 떠오르게 된다. 내가 판매해야 할 목표와 개인목표를 달성하게 될 것이다.

지금 당장 최고에게 배우길 바란다.

6 배움에 돈을 아끼지 않는다

나는 대학생 때 레크리에이션 강사 아르바이트를 했었다. 강연가의 꿈을 이루기 위해 무대에서 대중들과 소통하는 경험을 직접 해보는 것만큼 좋은 공부는 없다고 판단했기 때문이다.

직장인이 되어서도 무대에서 활약하는 나의 일상은 강력한 무기가 되었다. 레크리에이션 강사를 하며 받은 수익은 다시 배움에 재투자하여 나의 성장을 위해 사용했다.

지금까지 누구보다 열심히 살았다. 국제바텐더, 레크리에이션 지도자, 웃음치료사, 리더십 지도자 등 학창시절 취득한 26개의 자격증이 이를 뒷받침해준다.

나는 끊임없이 공부하고 배움에 투자했다. 직장인이 되어서는 주말을 이용해 직무와 관련한 과정들을 섭렵했다. 동시에 직접 현장에서 배운 내용을 적용하면서 또 배움을 이어나갔다.

고등학교를 졸업하고 YMCA에서 배운 내용을 바탕으로 레크리에이션 강사로 활동했다. 무대에서 뛰어 놀 때 비로소 내 가슴이 뛰는 경험을 했고, 준비하는 과정이 너무 행복한 시간이었다. 대중들과 함께 소통하는 기쁨이 있었다. 전문대학을 졸업하고, 4년제 대학교 3학년으로 편입했다.

대전시청에서 시티투어 가이드로 일했고, '베이징 장애인올림픽 서포터즈' 응원단장으로 선발돼 중국에 다녀왔다. 한국리더십센터에서 인턴으로 활동하기도 했고, 기업교육 전문기관 휴넷에서 교육운영전문가 양성과정5개월도 경험했다.

경험상 전공이든, 자격증 공부든 분야를 막론하고 목적의식과 열정적으로 배우다 보면 뭔가 깨달음을 얻는 시점이 오게 된다. 직장을 다니면서 처음에는 영업사원으로서의 기술을 향상시키고, 영업에 관한 최신정보를 접하고 싶다는 생각에서 배움은 시작되었다. 시중에 나와 있는 영업, 마케팅에 대한 책들은 모조리 읽었다.

책을 읽고, 느낌이 오면 무조건 저자에게 연락을 한다. 강연회, 세미나에 참석하기 위해서다. 나도 처음부터 그랬던 것은 아니었다. 책을 읽다 보니 책을 쓴 작가의 모습이 궁금했고, 그들을 직접 만나보고 싶은 욕구가 강하게 나를 이끌었다. 나는 작가들을 만나며 그동안 꿈꿔왔던 수많은 일들을 이룰 수 있었다.

물론 참석해보면 기대에 미치지 못하는 강의들도 많이 있다. 그것도 배움이라고 생각한다. '나는 나중에 저러지 말아야지'하며 참고할 수 있기 때문이다.

모든 경험과 배움이 소중한 이유이다. 하지만 내가 참석한 대부분의 강연, 세미나는 나의 기대 이상이었다. 그곳에서 멘토를 만날 수 있었고, 열정적이고 적극적인 인생을 사는 다수의 사람들을 만날 수 있어 행복했다.

그들과 소통하며 긍정의 에너지는 물론 동기부여도 받았다. 그렇게 가르침을 받고 배움을 얻어 억대 연봉을 받는 성공한 1인 기업가가 되었다. 그리고 강연가, 코치, 컨설턴트 그리고 작가의 꿈까지 이룰 수 있게 되었다.

당신의 꿈을 이루고 싶다면 앞서 꿈을 이뤄낸 사람들을 찾아가서 만나야 한다.

내 책을 읽고, 느낌이 오면 나를 찾아오면 된다. 느낌이 오지 않는다면 다른 책들을 읽고, 느낌이 오는 책의 작가를 찾아가 배움을 요청하라. 꿈을 이룬 사람들과 함께 해야 꿈을 이룰 수 있다.

▍ 방법은 있다

나는 많은 사람들을 코치하거나 강의, 컨설팅을 할 때 마다 꼭 해주는 말이 있다.

"젊다는 것은 당신이 가진 최고의 가치입니다. 대부분의 사람들은 시간을 벌고, 운을 벌기보다는 허송세월 시간을 허비하고 삽니다. 나중에 후회하지 말고, 지금 당장 나를 위해 시간과 비용을 아낌없이 투자해야 합니다."

학창시절 나는 레크리에이션 세미나에 참석해 배울 돈이 없을 정도로 가난했기 때문에 레크리에이션 강사를 찾아갔다. 그의 가방을 들어주며, 행사장을 돌아다니면서 어깨 너머로 배울 수 있었다.

시간이 없다고, 돈이 없다고 핑계대지 말라. 방법은 찾으면 다 있다. 찾지 않는 것이 문제다.

나는 여러 가지 배움과 세미나에 참석하기 위해 수천만 원이상의 수강료를 투자했고, 반복적인 연습과 노력을 하여 최대한 내 것으로 만들기 위해 공부했다.

내가 만약 당장 눈앞의 현실만을 바라보며 급급하게 살면서 배움을 게을리 했다면 지금의 위치까지 빠르게 올 수 없었을 것이다.

나는 처음 하루에 200만원 수강료를 지불하고 강의를 듣고, 500만원, 1000만원의 강의를 듣기 위해 대출을 받았다. 이 사실을 누군가 알았더라면 미쳤다고 말했을 수도 있다. 일부러 아무에게도 말하지 않았다. 아내에게도 비밀로 했다. 결국 아내가 알게 되고 처음으로 이혼하자는 말을 들었다. 하지만 나의 절실함과 간절함으로 힘들고 어려운 과정을 견딜 수 있었다. 결국 나의 열정과 노력에 감동한 아내는 이제는 든든한 지원군이 되었다.

만약 배움에 돈을 아끼면 어떻게 될까? 끓는 물속의 개구리는 끓는 물 안에서 천천히 죽어가는 개구리에 대한 이야기다. 점점 따뜻해져 끓게 되는 차가운 물에 들어간 개구리는 위험한 줄 모르다가 결국 죽게 된다는 것이다.

이야기의 교훈은 서서히 일어나는 중요한 변화에 반응하지 않고 무능하고 무관심한 사람들을 비유할 때 사용된다. 딱 이렇게 된다.

지금은 아내의 응원에 힘입어 더욱 힘을 낼 수 있다. 결국 내 결정이 최고의 선택을 했다는 걸 확인하는 순간 난 기쁨과 행복함으로 이루 말할 수 없는 최상의 기분을 느낄 수 있었다. 난 이미 최고의 영업자이며 성공한 1인 기업가로 많은 사람들에게 꿈과 동기부여를 선물하고 있다. 투자 대비 수백, 수천 배의 수익을 창출하고 있는 것이다.

배움에 소극적인 주변 사람들은 나에게 "배울 수 있는 환경이 갖춰지면 배우겠다"라고 말한다. 그 환경이라는 건 누가 만들어 주는 것이며 언제 그 환경이 갖춰지는가? "지금 배우겠다" "지금 시작하겠다"라고 말하는 사람은 더 빠르게 성공할 수 있다.

마음을 먹고, 행동하는 것이 성공의 시작이다. 그러면 배울 수 있는 환경이 자연스럽게 만들어진다. 시간을 벌고 성공하고 싶다면 배움에 돈을 아끼지 않으면 된다.

지금 당신이 있는 곳에서 당신의 내면의식을 끌어내고, 바꿔 줄 사람은 없다. 그렇기에 비싼 수업료를 지불해서라도 정상에서 있는 성공한 사람들과 어울려야 한다. 배움에 돈을 투자하는 것을 절대로 아까워하지 말라.

나는 앞으로도 배움에 적극적으로 투자할 것이다. 그깟 당연한 말로 뭐가 그렇게 달라질 수 있냐고 말하지 마라. 일단 해보고 그 다음에 결과를 말하라. 우리는 늘 성장해야만 한다. 배워야 하는 이유다. 그게 귀찮고, 싫다면 그냥 지금처럼 살면 된다. 당신이 배우겠다고 결정하는 순간이 바로 당신을 더 빠르게 성공으로 이끌어 줄 것이다.

영업고수들은 배움에 돈을 아끼지 않는다. 평범한 나를 비범한 나로 변화시켜준 것은 배움에 돈을 아끼지 않았기 때문이다. 배움에 투자할수록 나의 자존감은 더욱 높아졌고, 자신감도 많이 생겼다. 이는 모든 영업고수들이 가지고 있는 성공 비결이다.

7 영업 노트를 기록한다

인턴으로 입사했던 기업교육전문기관 한국리더십센터에서 수많은 강연가들을 만날 수 있었다. 그들은 하나같이 수첩 같은 곳에다 기록하고, 메모했다. '아, 강연가가 되려면 기록하고, 메모해야하는구나.' 속으로 생각했었다. 내가 메모를 처음으로 하게 된 계기였다.

　메모도 아무런 종이에 하는 것이 아니라 프랭클린플래너를 이용한다는 것을 알게 되고, 나도 바로 구입했다. 할 일, 메모, 알람 등 다양한 일상을 기록하는 것 외에 꿈, 목표, 비전에 대해서도 기록하여 휴대하면서 항상 볼 수 있는 기능이 있는 것이 장점이다.

물론 스마트폰의 앱을 활용한 기록도구도 상당히 많다. 대학생이면 시간표 작성, 수업 일정 및 할 일, 학점까지 계산해주는 다양한 기능의 어플을 활용할 수도 있다. 직장인이라면 업무일지, 회의내용, 보고정리 등을 기록할 수 있는 기능을 가진 어플을 활용하면 된다. 나는 모두 활용을 해보았는데 아날로그 방식이 나에게 더 맞는 것 같았다.

더 효과적인 방법이 없을까 찾아보던 중 한 권의 책을 통해 '3P바인더'를 알게 되었다. 『성과를 지배하는 바인더의 힘』의 저자 강규형 대표를 만난 건 그때였다. 그의 수업에 참여했고, 억대연봉을 받는 사람들의 공통점, 꿈을 이루기 위해 인생의 중, 장기복표 설정법에 대해서도 배웠다. 3P바인더는 목표관리, 시간관리, 독서관리, 업무관리, 학업관리 등 중요한 모든 것을 단 한권의 바인더로 관리할 수 있다. 또한 기록한 자료와 정보를 수집, 분류, 보관할 수 있게끔 서브바인더를 활용하는 점에 크게 끌려 지금까지 너무 잘 활용하고 있다. 시간 관리에 있어 최고 수준의 도구라고 생각한다. 이 수업에서 아이디어를 얻어, 학생대상 5주 과정의 자기경영과정 프로그램을 운영 중이다. 벌써 17기까지 진행이 완료된 상태다. 이러한 과정을 통해서 현장에서 직접 경험하는 영업에 대한 부분을 기록하고 있다.

영업노트의 내용은 크게 2가지로 나뉜다. 첫 번째는 현재 나의 영업 상태에 관해 쭉 써 내려간다. 현장에서 고객과 나눈 대화 속에서 느낀 부분, 현장의 분위기 등이다.

두 번째는 지금 하고 있는 영업을 통해 3년, 5년, 10년 후의 모습을 상상해본다. 무슨 차를 타고, 어떤 옷을 입고 어느 장소에서 누구와 있을지 구체적으로 그려보는 거다. 이 부분을 작성할 때 주의할 점은 '불가능은 없다'는 마음이다.

상상하는 그대로 기록한다. 이는 자신의 상황을 더 좋게 변화시켜 주며 미래를 바꾸어나갈 중요한 부분이 될 것이다. 성공한 사람들의 특징 중 하나는 메모하고 기록하는 습관이 몸에 밴 사람들이다. 메모는 순간적으로 떠오른 생각이나 아이디어를 날아가지 않게 하고, 기록은 기억을 지배한다.

19세기 독일 심리학자 헤어만 에빙하우스Hermann Ebbinghaus의 망각이론에 따르면 보통 사람들은 20분이 경과하면 맨 처음 기억의 50% 정도를 잊어버린다고 한다. 따라서 메모하는 습관만 들여도 자신의 능력을 배가시킬 수 있을 것이다. 현장에서 영업을 하다 보면 어떤 아이디어가 번쩍 떠오를 때가 있다. 그때 즉시 노트에다 옮겨 적어야 한다.

나는 보통 새벽에 일어난다. 업무를 시작하기 전 책을 읽고, 글을 쓴다. 아침에 업무를 시작하기 전에 그날 해야 할 일들에 대해 미리 생각해보며 바인더에 기록을 한다. 그날 반드시 처리해야 할 일이 무엇인지 정리하고, 기억한다. 내가 활용하고 있는 3P바인더는 해야 할 일들의 우선순위를 정할 수 있고, 시간대별로 관리할 수 있어 탁월하다. 확실히 느끼는 것은 이렇게 적은 날과 그렇지 못한 날은 분명 차이가 난다는 것을 경험해보았다.

▌ 메모가 책과 강연의 재료

얼마 전 대학병원 교수님들과 제품설명회가 있었다. 행사 1주일 전에 장소가 변경이 되었는데 행사 당일까지 이 사실을 난 모르고 있었던 것이다. 정확히 말해 잊어버린 거다. 통화로 분명히 들었는데 운전 중이어서 메모한다는 걸 깜빡한 것이다. 순간 얼음이 되었다. 바로 식당에 전화했다. 역시나 당일 예약은 힘든 상황이었다. 바로 교수님께 전화를 드려 상황을 설명 드렸다.

"내가 믿는 도끼에 발등이 찍혔구나."

"정말 죄송합니다. 제가 그만 실수를 했습니다."

통화를 끊고 멍하니 하늘만 바라보았다.

그 때 한 통의 전화가 걸려 왔다. 아까 그 식당이었다. 평소에 친분이 있었던 사장님께서는 나의 딱한 사정을 아시고, 미리 예약되어 있던 손님에게 양해를 구하시고, 큰 방으로 바꿔주셨다. 영업현장에서 메모와 기록의 중요성에 대해 다시 한번 확인하는 시간이었다.

그날 현장에서 있었던 일에 대한 보고서를 작성할 때도 중간 중간 메모를 해두면 빠트리지 않을 수 있고, 내용의 질적인 부분까지 올라갈 수 있는 효과가 있다. 무엇보다 보고에는 '목적'과 '성과'가 보여야 한다. 성과는 기록으로부터 시작된다는 사실을 명심해야 한다.

나는 영업을 하고 책을 쓰고 강연하는 일이 직업이기 때문에 메모와 기록하는 것이 습관되어 있다. 그래서 가방에는 항상 펜, 노트, 플래너가 있다. 새로운 영업 생각이나 아이디어가 떠오르면 즉시 메모한다. 이렇게 쌓인 메모를 모아 영업노트에 기록해둔다. 이 기록을 토대로 책을 쓸 수가 있었다. 또한 이런 실질적인 사례가 강연할 때 청중들의 공감을 불러일으킨다. 기업 영업사원들을 대상으로 특강을 진행할 때도 현장에서 직접 경험한 사례에 더 공감한다는 것을 알게 되었다. 아주 소소한 일상이어도 좋다. 반드시 메모하여 자신만의 영업노트를 만들어보자. 이 사소한 습관이 상상 그 이상의 성공을 가져다 줄 것이다.

얼마 전에 녹음기를 구매했다. 최근 1:1 컨설팅이 많아지다 보니 일일이 다 메모할 수가 없게 되어 녹음을 한 후 저녁이나 새벽에 정리를 하는 일이 많아졌다. 단순히 일상을 기억하라고 기록하는 것은 아니다. 영업은 자신이 기록한 대로 이루어질 것이라는 믿음과 확신을 가져야 한다.

영업노트를 기록하며 생긴 긍정적인 효과 중 하나는 하루의 시간을 효과적으로 관리할 수 있다는 점이다. 기록하면서 시간낭비를 막고, 평소에 내가 어떻게 시간을 쓰고 있었는지도 알 수 있게 되었다. 영업을 하는 사람들은 스스로를 감독해야 한다. 또한 일의 결과를 내고 성과를 올리기 위해 스스로를 감독하지 않으면 안 된다.

영업을 기록하는 일은 '기록한 대로 이루어진다!'는 믿음을 담는 것이며, 열정적으로 적다 보면 좋은 에너지가 몸에서 나오는 경험을 할 수 있을 것이다. 영업노트를 기록하는 방법에는 옳고 그름이 없다.

영업은 당신이 기록한 대로 펼쳐진다. 변하고 싶다면 변화해야 한다. 지금 당장 서점으로 달려가 펜과 노트를 준비하길 바란다. 다시 말하지만 영업고수들은 그들만의 영업노트를 기록한다는 것을 기억해야 한다.

Point

– 믿어라! 기록한 대로 이루어진다!

8 '나는 최고다'라는 마인드를 가지고 있다

나는 가장 예민했던 고등학생 시절 부모님의 이혼으로 친구들에 비해 일찍 철이 들은 편이었다. 집안 형편이 어려워 대학을 들어갈 수도 없는 상황이었다. 간신히 전문대학에 입학했다. 학업을 이어가기 위해 수많은 아르바이트를 해서 편입을 했다. 이런 과정 속에서 나는 늘 생각했다. '나는 최고다'라고….

물론 이 상황 자체만 보면 나는 최고가 아니다. 누구보다 어려운 상황이었다. 하지만 이 모든 상황을 극복할 수 있었던 힘은 '나는 최고다'라는 마인드를 항상 생각하고, 말하고, 그렇게 행동했기 때문이었다.

'나는 최고다'라는 긍정의 마인드가 나의 자존감을 유지시켜

주는 비결이다. 자존감이란 '스스로 품위를 지키고 자기를 존중하는 마음'이다. 자존감이 낮은가? 그렇다면 작은 것부터 시작하여 성공의 체험을 맛보자. 작은 성공이 모여 자신감도 높아지고, 쌓일수록 자존감도 높아진다. 끊임없이 나를 격려하고, 칭찬하면 어느새 훌쩍 높아져 있는 자존감을 발견할 수 있을 것이다.

영업고수가 되기 위해서는 자존감이 높아야 한다. 자존감이 높다는 건 어떤 의미일까? 내가 나를 좋아하지 않고, 존중하지 않으면 도대체 누가 나를 좋아하고, 존중한단 말인가? 생각보다 많은 사람들은 스스로를 비하하고, 낮게 평가하는 경우가 대부분이다.

자존감을 높이는 즉 '나는 최고다'라는 마인드를 가지기 위한 간단한 나만의 훈련법을 소개하겠다. 나는 나 자신에게 보내는 셀프 토크를 자주 쓰고, 말한다. 아래는 최근에 작성한 셀프 토크의 내용 중 일부이다.

"태호야, 지금 너무 잘하고 있어. 새로운 해를 시작하며 올해 세운 목표 달성을 위해 끊임없이 배우고, 노력하는 네가 너무 자랑스러워. 나는 항상 너를 응원해. 내가 원하는 모든 것들을 이룰 것이라고 믿어. 아니 이미 다 이루어졌어. 늘 긍정적인 생각과 말로 많은 사람들에게 선한 영향력을 끼치는 네 모습이 너무 멋지다. 지금처럼 감사하는 마음으로 언제나 파이팅하길 바란다!"

다소 오글거릴 수 있다. 하지만 변화하기 위해서는 변해야 한다. 항상 하던 대로만 하면 똑같은 결과를 얻는다. 변하고 싶다면 내가 변화해야 한다. 내가 할 수 있는 작은 부분부터 시도해보자.

인생은 한 번뿐이다. 가장 나쁜 사람은 다 지나간 후에 '그때 해볼 걸' '미리 준비 했더라면' 후회하는 인생을 사는 사람이다.

이 책을 읽는 당신은 절대로 그러지 않기를 바란다. 어떤 영업을 하던지 가장 중요한 것은 '나는 최고다'라는 마인드를 가지는 것이다. 내가 나를 존중하고, 사랑하는 게 가장 우선시 되어야 할 태도다.

고등학교를 함께 보낸 5명의 친구들이 있다. 그 중 나를 포함한 3명의 친구는 영업을 선택했다. 1명은 창업을 했고, 다른 1명은 대기업에 취직하여 근무하고 있다. 나와 함께 영업을 시작한 2명의 친구는 입사 후 2년 만에 퇴사를 했다. 쉽게 할 수 있을 거라는 착각으로 시작한 영업업무가 본인들과 맞지 않았던 것이다.

영업을 선택한 2명의 친구는 늘 자신감과 자존감이 낮아 보였다. 긍정적인 말보다는 부정의 말로 스스로를 낮췄다. 지금 생각해보면 그들은 영업 직무가 맞지 않았던 것이 아니라 스스로의 가치를 낮게 평가했던 것 같다.

나는 회사에서 영업을 하고 있다. 지금 회사에서 대충 일하면서 오래 살아남을 것이라는 기대는 이미 오래 전에 버렸다. 업무 역량을 키우기 위해 자기계발은 필수다. 영업도 마찬가지다. 언제까지 반복된 패턴과 습관으로 하루를 보낼 것인가? 그렇게 흐르는 시간이 아깝지 않은가?

5년, 10년 후 당신은 지금 이 회사에 계속 남아 있을 수 있는지에 대해 끊임없이 자문하고, 생각해봐야 한다. 어차피 원하는 대로 가늘고 길게 살 수 없다면 지금 하는 영업을 누구보다 잘해보자. 단순히 상대평가로 줄을 세우는 눈에 보이는 실적을 말하는 것이 아니다. 내가 영업현장에 투입되어 영업을 하면서 느낀 부분은 '나의 자존감을 높이는 게 무엇보다 가장 중요하다'는 것이었다.

▌ 고객은 정확하다

우리 고객의 눈은 정확하다. 영업사원의 얼굴만 보면 현재 심리상태나 상황을 정확히 파악한다. 절대 속일 수가 없다.

최근에 '빙산의 일각'에 대해 다시 공부했다. 수면 위에 떠 있는 얼음을 우리의 행동, 삶이라고 한다. 눈에 보이는 것이다. 수면 아래를 우리의 생각, 감정, 성격, 가치관이라고 한다. 눈에 보이지 않는 것이다.

겉으로 드러난 행동은 보이지 않는 심리적인 요인들의 결과이다. 즉 행동은 성격, 가치관, 감정, 생각 등의 복합적인 상호작용의 결과이다. 각 요인이 행동에 영향을 미치는 정도는 사람에 따라 다르다. 성격과 가치관은 다소 고정적인데 비해, 생각과 감정은 다소 즉흥적일 수 있다.

혼자 거래처에 직접 찾아가서 제품을 홍보하고, 판매하는 영업을 시작하면서 나를 가장 힘들게 했던 건 고객이 아닌 주변 사람들의 시선이었다. 영업한다고 하면 괜히 주눅 들고, 기죽을 때도 많았다. 아무래도 영업이 잠재고객에게 부탁해야 하는 일이기 때문에 더 그런 마음이 들었던 것 같다.

대부분의 영업사원들이 나와 같은 마음일 것이다. 하지만 영업현장에서 직접 만난 1등 영업고수들은 달랐다. 그들은 자신감이 넘쳤으며, 자신이 하는 일에 대한 자부심도 가득한 사람들이었다. 그들을 만나면서 나도 마음의 변화가 일어났다. '나는 최고가 아니다'란 생각이 떠오르면 왜 그런 생각이 떠오르는지 자신에게 물어보라. 분명 그 이유를 알아낼 수 있을 것이다. 그런 다음 그 이유를 끊어야 한다.

사실 영업을 시작하는 직장인들은 모두 성인이다. 스스로의 인생을 선택하고, 책임져야 할 시기다. 자신의 능력을 객관적으로 바라보는 시각은 중요하다. 하지만 대부분의 영업사원들은 스스로를 비하하거나 부정적인 마음으로 '난 안 돼'하면서 스스로를 한계 짓는다. 나도 과거에는 그랬다.

이제는 겸손은 미덕이 아니다. 겸손이란 굴레에서 벗어나지 못하고, 자신의 능력을 과소평가하고, 주위의 시선에 지배당하는 불행한 삶을 사는 것이다. 우리의 능력은 우리가 평가하는 거다. 또한 우리는 우리가 상상하는 모든 것을 얻을 수 있다. 이렇게 마음을 먹고 난 이후 나의 영업은 달라졌다.

매사에 긍정적인 사고와 적극적인 태도로 일상을 대하니 고객도 나를 바라보는 눈빛이 달라졌다. 느낄 수 있었다. 또한 주관적 눈높이나 세상이 만들어 놓은 잣대에 나를 맞추는 것이 아니라 자신감과 자부심으로 영업을 할 수 있게 되었다. 영업을 선택했으면 몰입하면서 끊임없이 학습하자. 그러면 못해낼 일은 하나도 없다.

생각을 바꾸면 인생이 바뀐다. '빙산의 일각' 내용처럼 눈에 보이는 모든 일은 당신의 내부 세계에서 벌어지고 있는 일이 겉으로 드러나는 것이다. 영업고수들은 영업의 어떤 부분을 개선하거나 변화시키기 위해 자신의 내면을 바꾼 사람들이다.

반드시 기억하기 바란다. 영업고수들은 '나는 최고다'라는 마인드를 가진 사람들이다.

Point

– 작은 것도 좋다. 성공을 체험하라.

2

'거절'에 대처하는
고수의 자세

"진짜 주인은 항상 고객이다.

그리고 고객은 언제든 아주 쉽게 우리를 해고하고

다른 데 돈 쓰는 것을 결정할 수 있다."

_샘 월튼

1 거절은 끝이 아니라 시작이다

최근 『켄터키 할아버지 커넬 샌더스의 1008번의 실패 1009번째의 성공』을 감명 깊게 읽었다. 전 세계 1만여 점의 '켄터키 후라이드 치킨'KFC 매장 앞에 서있는 흰색 양복의 할아버지, 그가 바로 이 책의 주인공이다. 미국인들은 그에게 '패스트푸드의 아버지'라는 이름을 주고 오늘날까지 따뜻한 사랑과 존경을 보인다.

매일 밤 차 안에서 새우잠을 자면서 자체 개발한 후라이드 치킨 조리법 설명을 하기 위해 수많은 식당에 찾아가지만 거절을 당하기 일쑤였다. 이렇게 미국 전역을 돌아다니며 들른 식당이 무려 1,000여 곳! 몇몇 샌더스 관련 자료에는 정확히 1,008곳의 식당에서 퇴짜를 맞은 후 1,009번째 식당에서 첫 계약이 성립 되었다고 한다. 이 말이 맞는다면 그는 무려 1,008번이나 연속된 거절을 이겨낸 셈이다. 아무튼 이 1,008여 곳 식당 이야기는 지금도 KFC에서는 전설처럼 내려오는 실화다.

지금 자신이 고객에게 끊임없이 거절을 당한다고 해서 좌절할 필요 없다. 영업은 꾸준히 거절의 경험을 통해 배우고 도전하면 성공하게 되어 있다. 영업은 마치 몸짱이 되는 과정과 같다. 몸짱이 되기 위해 매일 같이 헬스장에 가서 아령을 들고, 근육을 키우기 위해 들었다 났다를 반복하듯이 영업도 현장에서 고객을 만나 거절을 당하고를 반복하다 보면 어느새 성공가도를 달리는 자신을 발견하게 된다.

2010년 1월 추운 어느 날이었다. 국내 제약회사 영업부에 입사하고, 3개월간은 제품 교육과 디테일상세한 제품 설명에 대한 영업을 배웠다. 약 2주일간 선배들과 동행방문으로 어떤 방법으로 영업을 하는지에 대해 경험할 수 있었다. 영업에 경험이 많은 선배들은 이미 고객들과 상당한 친분으로 두터운 사이였다.

2주일간의 동행방문을 마치고 이젠 혼자 거래처에 직접 찾아가서 우리 제품을 홍보하고, 마케팅 하는 활동을 해야 했다. 처음에는 용기가 나지 않아 수많은 거래처를 그냥 지나치곤 했다. 문을 열려고만 하면 모든 고객들이 무서워 보였다. '권태호, 할 수 있어!' '그래, 해보는 거야.' 나는 혼자만의 주문을 외우고, 용기를 내서 거래처에 들어갔다.

"안녕하세요. S제약회사 영업담당자 권태호입니다. 원장님 뵈러 왔습니다."

잠시 후 간호사에게 답이 왔다.

"원장님께서 다음에 오시래요."

거절이었다. 처음 방문한 거래처에서 거절이라는 답변이 돌아왔다. 내가 기대했던 영업은 이런 게 아니었다. 두려웠다. 사실 내가 뭘 해야 할지 몰랐다.

이렇게 포기할 수는 없었다. 그날 나의 거래처 중 12군데에 방문했다. 다행히 7군데의 거래처 고객들을 만나 제품을 디테일할 수 있었고, 5군데는 거절이라는 답변을 받았다. 이런 불안한 출발 속에서 세계적인 동기부여 강연가가 되겠다는 내 꿈은 점점 강해졌다. 거절이 두렵진 않았다. 거절하는 건 고객의 당연한 권리다. 그럴 수도 있다는 생각으로 영업활동을 하다 보니 점점 자신감이 생겼다.

영업을 하는 것은 나의 선택 보다는 마치 운명이나 숙명처럼 느껴졌다. 3개월이 지나자 나와 함께 갈 고객과 그렇지 않은 고객이 선명해지기 시작했다. 한정된 거래처에 수많은 경쟁자들 속에서 나만의 차별화를 가져야만 했다. 고객의 시간은 한정되어 있고, 환자에게 집중해야 할 시간에 수많은 제약회사 담당자들을 모두 만날 수 없는 현실이다.

▮ 거절은 고객의 권리

거절당했을 때 목표를 향해 나아갈 수 있는 방법을 찾아야 했다. 수많은 거절을 당하면서 나는 큰 깨달음을 얻었다. 나의 태도가 결과에 큰 영향을 미친다는 것이었다. 기죽지 않고, 당당하고 침착하게 태도만 바꿔도 전혀 다른 경험을 한다는 것이었다.

고객은 거절을 선택할 수 있다. 그건 고객의 권리인 것이다. 내가 고객의 권리를 빼앗을 수는 없다. 이 사실을 알고 태도를 바꾸니 아이디어가 솟아났다. '거절'이라는 말을 듣는 두려움이 사라졌다.

고객은 계속해서 나에게 거절을 보낸다. 파도처럼 온다. 뒤에 있는 파도가 와서 치고, 새로운 고객을 만날 때마다 새로운 거절이 올 수 있다. 고객의 거절은 무조건 있을 수 있다. 왔을 때 대응할 수 있는 능력을 키우면 된다. 이렇게 태도를 바꾸고 나니 '거절은 끝이 아닌 시작'이라는 관점이 보이기 시작했다. 그때부터 방법을 찾았다. 고객에게 나를 알리기 위해 그동안 취득한 자격증, 대학교 때 경험한 활동들, 영업에 대한 나의 열정 등을 표현한 포트폴리오를 만들었다. 거절을 당하면 명함과 함께 포트폴리오를 전달하고 돌아올 계획이었다.

나의 예상은 적중했다. 거절한 거래처 고객이 직접 전화를 걸어오기 시작했다. 나를 만나고 싶다는 내용이었다. 다음 날 나는 담당하고 있는 제품 브로슈어와 함께 고객을 만났다. 지금은 자기소개서나 포트폴리오를 만들어 고객에게 홍보하는 영업사원들이 많이 있지만 10년 전만 해도 흔한 일은 아니었다.

"이런 열정적인 영업사원은 처음 봅니다. 어떤 제품을 담당하죠? 브로슈어 좀 주세요."

내가 담당하고 있는 제품의 장점을 브로슈어와 함께 설명했다. 그 자리에서 100만원의 매출을 올렸다. 지금까지 경험하지 못한 짜릿한 흥분이 느껴졌다. 영업을 시작한 이후 처음 느껴보는 감정이었다.

무대에서 청중들과 소통하는 것과는 또 다른 느낌이었다. 아마 영업의 가능성을 느꼈기 때문이었을 것이다. '내가 정말 열심히 노력하면 어떤 일도 가능하겠구나!' 깨달았다. 저녁에 팀장에게 보고하면서 포트폴리오에 대해 말했다. 다음 날 포트폴리오를 본 팀장은 나에게 칭찬과 격려를 아끼지 않았다.

이 이야기는 전국의 영업사원들과 영업본부장에게 공유되며, 나를 따라하는 영업사원들이 생겨나기 시작했다. 거절을 끝이라고 생각했다면 영업을 계속 이어나가지 못했을 것이다. 하지만 나는 거절을 끝이 아닌 시작이라는 관점으로 바꿨다. 고객의 거절을 당연하게 받아들이고, 새로운 아이디어를 만들어냈다. 결국 성과로 이어지는 긍정의 결과를 볼 수 있었다.

이 경험을 계기로, 거절당하는 고통에서 벗어날 수 있었다. 거절은 고객이 할 수 있는 당연한 권리라는 것을 깨닫게 되었다. 거절은 끝이 아닌 시작이다. 방법을 찾을 수 있었다. 이제 거절은 내가 신경 쓸 대상이 아니다. 이렇게 마음먹으니, 보다 자유로울 수 있었다. 이제 고객의 거절은 스토리가 된다.

거절을 당하고 난 후 나의 태도변화에 따라 결과가 얼마나 중요하게 미치는지 경험했다. 내가 당당하고 자신감 있는 모습을 보이면, 고객들도 내 제품을 긍정적으로 대할 가능성이 훨씬 더 높아진다. 반드시 기억하기 바란다. 거절은 끝이 아닌 시작이다.

Point

– 거절은 고객의 당연한 권리라는 것을 인정하라.

– 거절 당하더라도 자신과 제품을 표현할 차별화된 자료를 만들어라.

2 거절하는 고객의
진짜 속마음

분양영업, 교육영업, 제약영업, IT영업 등 다양한 영업을 10년 이상 경험하면서 한 가지 사실을 깨달았다. 고객들은 항상 거절을 한다. 거절하는 고객의 진짜 속마음을 알았다. 거절이 많다는 것은 기회가 많다는 것이다. 거절을 극복하려는 노력이 영업고수를 만든다는 것이다.

고객들은 언제나 거절을 한다. 나는 담당하고 있는 제품을 설명한다고 최선을 다했는데 고객은 필요 없다고 항상 거절한다. 가끔 고객의 거절 이유를 들어주다 보면 정말 열 받고 짜증 날 때가 많다. 하지만 고객의 거절 이유를 잘 들어주는 것은 영업의 기본이다. 예전에 분양영업을 하면서 주상복합아파트를 팔 때 일이다.

"이 아파트의 장점은 1층에 상가가 있고, 이것이 또 있으며, 주변에 학교와 지하철역이 가까워, 가격은 이렇고, 지금 구입하시면 이런 최고의 혜택을 받을 수 있고….'"

"네, 생각 좀 해볼게요."

주변에서 흔히 볼 수 있는 영업사원과 고객의 대화일 것이다. 영업사원은 할 말이 많다. 한정된 시간에 고객을 설득하고 상품을 판매해야 하니까 그렇다. 대부분의 사람들이 영업사원은 말을 잘해야 한다고 생각한다. 심지어 어떤 사람은 "영업사원은 말로 먹고 사는데, 나는 말을 못해서 성공하지 못해"라는 황당한 생각을 하는 사람도 만나 봤다.

물론 말을 유창하게 잘해서 손해 보는 건 없다. 하지만 말을 못한다고 해서 영업을 못할 것이라는 생각은 잘못된 편견일 뿐이다. 글로벌 화장품 기업 '메리케이 성공신화'를 쓴 여성리더가 있다. 메리케이코리아 최정숙 NSD가 바로 그 주인공이다. 사실 그녀는 성대장애가 있었기에 언어에 불편함과 전달력이 약해 세일즈가 힘들었다. 듣는 사람도 잘못 알아듣는 경우가 많았다. 입사 4개월 만에 1억6,000만원 매출이라는 대기록을 세운 그녀의 성공비결은 자신감과 긍정의 마인드였다고 한다.

말을 못한다고 해서 고객이 거절한다는 이야기가 아니다. 그렇다면 거절하는 고객의 진짜 속마음은 뭘까? 고객이 거절하는 이유를 빨리 파악하면 답을 알 수 있을 것이다. 질문과 경청이 중요한 이유다. 고객과의 대화에서 영업사원이 고객보다 말을 많이 하는 경우를 주변에서 흔히 볼 수 있다. 하수가 영업하는 방식이다.

▌ 하수의 영업 방식

첫 회사에 입사하여 1개월 동안은 제품 공부만 했다. 제품 교육 후 약 2주간 선배들과 동행방문을 했다. 동행방문이란 선배가 담당하는 거래처 고객을 직접 만나 어떤 식으로 영업 활동을 하는지 옆에서 직접 볼 수 있는 기회다. 내가 영업을 잘 하진 못해도 어떤 선배의 영업방식이 고객에게 더 호감이 갈 거라는 정도는 느낌으로 알 수 있다.

A선배는 회사에서 인정받는 영업고수였다. 선배의 영업방식은 절대 고객보다 말을 많이 하지 않는다는 것이었다. 질문하고 잘 들어주고, 다시 질문하고 잘 들어주는 방법으로 고객

과 소통을 하는 것이 너무 인상적이었다.

B선배는 달랐다. 고객보다 자신이 더 말이 많았다. 심지어 횡설수설까지 했다. 이때 나는 알 수 있었다. 고객이 좋아하는 영업사원의 특징 한 가지를! 실제로 이때 A선배는 제품 신규를 했고, B선배의 고객은 '다음에 다시 이야기 하자'는 거절의 답이 돌아왔다.

가끔 친구들 모임에 나가보면 혼자만 신나서 말하는 친구가 있다. 솔직히 그 친구는 별로다. 매력이 없다. 친구들 사이에서도 이런데 처음 보는 영업사원이 귀중한 시간을 내어 만났는데 관심 없는 이야기만 잔뜩 말한다면 우리의 고객은 어떤 마음일까? 그런데 영업사원들은 그런 행동을 고객들에게 계속 되풀이한다. 성과가 안 나올 수밖에 없다.

고객의 거절은 거절이 아니다. 제품에 대한 호기심이나 관심일 뿐이다. 영업초기에 실수했던 부분이 바로 이거다. 거래처 고객을 만나 제품에 대해 설명한 후, 고객의 반응이 거절로 돌아오면 난 다시는 그 거래처에 가지 않았다. 시간이 지나고 나서 생각해보니 제품에 대한 고객의 관심이었던 것이다.

고객이 당신을 거절하는 것이 아니라는 점을 늘 기억해야 한다. 고객은 제품의 일부 특성에 불만족하는 것이다. 잠재 고객이 거절한다는 것은 제품에 대한 더 많은 정보를 요청하는 뜻이다. 결국 고객도 제품을 원한다. 원하지도 않는 것에 거부 반응을 보이며 시간 낭비를 할 필요는 없지 않겠는가?

지금 고객으로부터 많은 거절을 당하고 있다면 당신은 성공하고 있다는 증거다. 고객은 어떤 타이밍에 거절을 하는지, 어떻게 거절을 하며, 표정은 어떤지 자세히 관찰해 보자. 단순히 제품에 대한 설명이 아니라 나의 특별함을 가지고 일을 한다면 영업을 대하는 당신의 태도가 달라질 것이다.

요즈음 시중에 비슷한 물건이 넘쳐 나고 있다. 세상에 유일무이한 제품은 없다. 수없이 많은 유사한 제품들이 존재하고 경쟁자들도 넘친다. 고객들은 나의 제품을 보는 것이 아니라 영업자 그 사람 자체를 보는 것이다. 내가 고객에게 무언가 특별한 가치를 지닌 존재가 되지 못한다면 고객이 나에게 꼭 그 제품을 사야 할 이유가 없어지는 것이다.

영업사원이 추천하는 물건을 그 자리에서 사지 않아도 같은 종류의 상품은 온·오프라인에서 살 수 있기 때문이다. 처음 영업을 시작하는 사람들은 이 사실을 명심해야 한다. 제품에 대한 설명을 하기 전에 고객의 마음을 먼저 열어야 하는 이유다. 한 번쯤은 들어보았을 것이다. 라포rapport 형성 단계라 부른다.

나도 어떤 제품이 필요할 때 꼭 누군가에게 사야 할 이유가 없다. 오프라인 매장에서 점원에게 직접 설명 듣고, 온라인에서 구매를 한다든지, 다른 곳에서 열심히 견적을 받아보고는 결국 지인에게 제품을 구매한 경우가 종종 있다.

▌ 고객이 진짜 듣고 싶은 것

거절하는 고객의 진짜 속마음을 파악하기 위해서는 잘 들어야 한다. 듣기 위해서 강력한 질문이 필요한 거다. 고객을 당신의 화려한 언변이나 제품의 장점만으로 설득하려 하지 마라. 고객은 당신에게 설득 당하고 싶어서 그들의 시간을 허락한 게 아니다. 그들이 듣고 싶어 하는 진짜 이야기를 기다리고 있다. 고객에게 말하고 설명하는 것이 아니라 자연스럽게 질문을 해야 하는 이유다.

그렇게 질문을 반복하다 보면 고객이 진짜 원하는 것이 무엇인지 알게 된다. 그러면 우리는 그 고객이 궁금해 하는 점, 거절하는 진짜 이유, 현재 망설이는 점에 맞춰 고객이 듣고 싶어 하는 이야기를 답해준다. 그러면 된다. 생각해보면 참으로 쉬운 일이다. 영업사원 스스로 마음의 문을 닫고, 한계를 정하고, 어렵게 생각하니 어려운 것이다.

우리의 고객은 그들이 듣고 싶어 하는 진짜 이야기가 있다는 사실을 명심해야 한다. 여러분의 입을 닫고 귀를 열자. 질문과 경청으로 고객이 거절하는 진짜 속마음을 찾아내자. 고객이 듣고 싶어 하는 진짜 이야기를 해주는 사람. 그가 바로 영업고수들이다.

Point

– 잠재 고객의 거절은 제품에 대한 추가 정보를 원한다는 신호일 수 있다.

– 고객의 진짜 속마음을 듣기 위해 강력한 질문을 준비하라.

3 한 번에 OK는 없다

"일부 소극적인 여학생들과 정확히 반대되는 한 남학생의 실례를 보자. 천안 한국기술교육대학교 산업경영학부 4학년생인 K씨. 학벌과 학점, 토익점수라는 소위 '스펙'면에서 딱히 내세울 게 없는 처지였지만 대학시절 따놓은 자격증이 무려 26개. 응모해 당선된 공모전이 11개에 달했다. 거기다 각종 기업체와 기관 후원을 이용해 자기 돈 한 푼 들이지 않고 수 차례 해외여행을 경험했다. K씨는 졸업도 하기 전에 한국리더십센터 인턴에 합격했다."

내 이야기다. 대학교 4학년 때 위 내용으로 신문 기사에 소개된 적이 있다. 내가 가장 많이 거절당했던 때는 바로 대학생 때였다. 26개의 자격증을 따기 위해 떨어진 적도 셀 수 없이 많았다. 당시 기업의 후원을 얻어 무료로 해외여행을 보내주는 '해외탐방형 공모전'이 인기였다. 선발되어 수차례 무료 해외여행의 경험을 얻을 수 있었다. 하지만 이 공모전에 선발되기 위해 얼마나 많은 자기소개서와 제안서를 작성했는지 모른다.

이런 소중한 경험을 얻기 위해 난 셀 수도 없을 만큼 많은 기업으로부터 거절의 맛을 봐야만 했다. 지금 원고를 쓰는 데 힘이 되는 것도 그 당시 수없이 많이 써본 자기소개서와 제안서 덕분인 것 같다. 지금도 컴퓨터 내 폴더에는 거절당한 자기소개서들과 제안서들이 가득하다. 그 당시 거절당한 경험들이 영업현장에서 고객을 만나는 데 큰 도움이 된다.

2011년 3월 외국계 제약회사 영업부에 이직했다. 외국계 회사는 영업만큼 중요한 것이 있었다. 데이터 자료 분석과 프레젠테이션이었다. 도구는 엑셀과 파워포인트를 활용했다. 난 둘 다 자신이 없었기에 배워야만 했다. 엑셀과 파워포인트 관련 책들을 읽었고, 세미나에 참석하여 배웠다. 배움을 통하여 파워포인트는 누구보다 잘 하게 되었다. 하지만 엑셀은 아직도 어렵다.

해야 할 업무는 영업으로 동일했지만 국내회사와 외국계 회사는 많이 달랐다. 서로의 문화차이를 적용하는데 꽤 시간이 걸렸다. 외국계 회사로 오자마자 앞으로 담당할 거래처 분석과 데이터를 확인해야만 했다. 영업 본부장과 마케팅 본부장 앞에서 거래처 발표를 해야 했기 때문이다. KPI Key Performance Indicator발표다. KPI는 올해 영업목표를 성공적으로 달성하기 위해 핵심적으로 관리해야 하는 요소들에 대한 성과지표를 말한다.

통상 1년에 1~2번 하루 종일 사무실에서 그 해 영업목표 달성을 위한 계획을 발표하는 자리를 가진다. 영업현장에서 고객을 만나 제품을 디테일소개, 설명해야 하는 시간을 빼서 하는 만큼 상당히 중요한 자리다. 발표 준비도 잘해야 하는 건 물론, 거래처 분석도 제대로 되어 있어야 발표를 잘할 수 있다.

외국계 회사는 누가 시키지도 않고, 서로를 존중해주는 문화다. 알아서 해야 하는 거다. 모르는 게 있으면 스스로 찾아서, 물어야 한다. 철저한 개인주의 문화라고 생각하면 된다. 약 1년간 완전한 수직구조의 국내회사 영업부에 적응이 된 상태에서 곧바로 수평조직의 외국계 영업부로 이직을 하니 적응하는데 상당한 어려움이 있었다.

발표를 준비한다고 했는데 내가 봐도 너무 부족한 상태였다. 그렇게 시간이 흘러 발표 전날이 되었다. 처음 부딪히는 상황이다 보니 뭘 어디서부터 어떻게 준비해야 하는지 자체를 몰랐던 것이다. 결국 난 준비를 다 마치지 못한 상태에서 출근을 했다. 팀장은 발표 전에 나를 잠시 불렀다.

"태호씨, 준비한 자료 먼저 봅시다. 본부장님 앞에서 발표하기 전에 미리 봐줄게요."

"팀장님, 사실 발표 준비를 다 못했습니다."

"괜찮아요, 한 것 까지만 보죠."

내 자료를 열어보는 순간 팀장의 얼굴은 굳어져만 갔다.

"태호씨, 나와 본부장이 태호씨를 뽑은 건 우리 회사에 잘 적응하며 인재로 성장가능성을 보고 뽑았습니다. 그런데 내가 사람을 잘못 본 것 같네요."

순간 나는 정지상태가 되었다.

"죄송합니다…."

이어서 팀장은 내게 말했다.

"아무래도 안 되겠네요. 본부장님한테 말할 테니 오늘 발표하지 마세요!"

"네, 알겠습니다."

무서웠다. 사실 이 순간에도 내가 뭘 어떻게 해야 할지 몰랐다. 모든 것이 처음 일어나는 일이었다. 이렇게 그날의 악몽은 지나갔다. 다음 날이 되었다. 이렇게 포기할 수는 없었다. 선배들에게 전화를 하여 상황 설명을 한 후 도움을 요청했다. 선배들 모두가 자신들의 발표 자료를 메일로 보내줬다.

밤을 새워 보내준 자료를 참고하면서 내 자료를 만들었다. 약 1주일 후 난 팀장과 1:1 미팅을 통해 발표를 했다. 발표를 썩 잘한 건 아니지만 스스로 만족할 만한 수준이었다. '진작 이렇게 도움을 요청하고, 준비할 걸'이라는 생각이 머리를 스쳐 지나가는 순간이었다. 이 경험을 통해서 나는 세 가지 깨달음을 얻었다.

첫째, 자율을 중요하게 생각하는 문화에서 책임은 스스로 져야 한다는 것이다. 외국계 회사는 국내 회사와 달리 수평적인 문화의 조직이었다. 물론 모든 회사가 다 그런 건 아니겠지만 적어도 내가 경험한 곳은 그랬다. 그만큼 스스로 책임져야 하는 무게감이 있는 것이다.

둘째, 모르는 게 무엇인지 정확히 아는 것의 중요성을 배웠다. 현재 내가 부족한 부분이 무엇인지 안다는 것은 생각보다 중요하다. 지금 영업활동을 하면서 알고 싶은 게 뭔지를 모르는 사람은 반성해야 한다. 현재 나의 상황을 정확히 알아야 도움을 요청할 수 있는 것이다.

셋째, 주변 동료들에게 적극적으로 도움을 요청해야 배울 수 있다. 선배들은 후배가 먼저 다가와주길 바란다. 선배의 마음이다. 모르는 것이 있으면 그걸 알고 있는 사람에게 물어보면 된다. 당신이 모르는 그것을 당신의 선배는 잘 알고 있다. 이미 같은 경험을 했기 때문이다. 이렇게 쉬운 것도 하지 않으면서 고객의 마음을 얻으려 하면 안 된다.

이 세 가지만 잘해도 영업을 잘할 수 있게 된다. 이러한 내용의 중요성을 알면서도 실행하지 않는 사람이 되지 말자.

영업을 하면서 수많은 고객에게 제품을 제안하고 설명했다. 이 경험을 통해서 나는 고객이 한 번에 OK는 없다는 사실을 알게 되었다. 고객의 마음을 움직이는 것이 영업고수들의 목적이다. 고객의 마음을 움직이려면 한 번에 되기가 어렵다. 그만큼 반복, 노력해서 고객이 진정성을 느끼게 해야 한다. 꿈을 확신하고 고객으로부터 OK사인을 받는 것을 상상하는 습관을 가져보자.

지금부터 자신의 성공한 모습을 구체적으로 그려보며 누구보다 열심히 노력해보라. 다시 한번 말하지만 한 번에 OK는 없다.

4 거절은 나를
돌아볼 수 있는 기회다

사람은 신이 아니다. 완벽이란 존재하지 않는다. 어떤 상황에서 어떤 태도로 일하느냐에 따라 일의 상황이나 결과가 달라질 수 있다. '돌다리도 두들겨 보고 건너가야 한다'는 말도 있지 않은가. 계속 확인하고 또 확인해야 한다. 일부러 실수를 하는 사람은 없다. 사람이기 때문에 실수하는 것이다.

나는 지금까지 영업을 하며 고객으로부터 거절당한 후 새롭게 계획했던 방법, 거절 후 새롭게 알게 된 사실, 깨달음 등 사건을 기록하는 노트를 쓰고 있다. 이 원고를 쓰며 노트를 다시 꺼내 읽었을 때, 수없이 거절당했던 이야기에 웃음이 절로 나왔다. 그 중에 외국계 회사로 이직 한 후 얼마 되지 않았을 때 일어난 일은 지금도 섬뜩하다.

토요일 오전 어느 날, 주 5일 근무임에도 불구하고 나는 주말에도 밤낮으로 일에 매달렸다. 누가 시켜서가 아니라 회사에서 월급을 받으며 영업을 배우는 자체가 너무 신나고 재밌어서 자청했던 일이었다. 사무실에서 한 주간 영업활동 정리와 다음 주 영업보고서를 작성하고 있었다. 얼마 전 성과로 대박을 터트린 S병원 원장에게 전화가 왔다.

"네, 원장님 안녕하세요!"

"권태호씨, 당신 지금 어디에요? 대체 뭐하는 사람입니까?" 화가 잔뜩 난 목소리였다.

"내가 거래하는 약국에 약을 준비해야지 왜 엉뚱한 곳에 약을 준비한 겁니까?"

대형 사고였다. S내과는 담당하고 있는 제품의 경쟁품을 가장 많이 처방하고 있는 곳이다. 경쟁품 전부를 우리 제품으로 바꿔주기로 약속을 받았던 상황이었다.

S내과는 건물 2층에 있다. 1층에는 C약국과 H약국 두 곳이 있다. S내과 원장은 C약국과 거래가 있었다. 난 H약국에 제품

을 준비한 것이다. 전화를 끊고 생각해보니 원장은 나에게 분명 말했다.

"태호씨, 난 C약국과 거래하고 있으니 H약국 말고, C약국에 준비해주세요." 내 착각으로 그만 실수를 한 것이다. 후회는 나중 일이고 일단 이 상황을 수습해야만 했다. 급히 서둘러 S내과로 향했다.

"선생님, 원장님 좀 뵈러 왔습니다."

간호사에게 면담 요청을 하고 1시간이나 지난 후 답변이 왔다.

"오늘은 원장님께서 만나고 싶지 않다고 하십니다. 죄송합니다."

"아⋯, 아닙니다."

S내과는 우리 제품의 경쟁품을 가장 많이 처방하는 곳이어서 나에게 중요한 거래처 중 한 곳이었다. 그런데 한 번의 실수로 지금까지 어렵게 쌓아온 신뢰를 스스로 무너뜨리게 된 것이다. 아무 생각도 나지 않았다. 어떻게 해야 할지 몰랐다. 어렵게 고객의 마음을 샀고, 쉽게 고객의 마음을 뺏긴 상황이었다. 정확히 말하면 내가 기회를 차버린 것이다.

신중하게 모든 일 처리를 깔끔하게 했어야 했는데 그만 나의 실수로 인해 물거품이 되어 버린 것이다.

제약영업은 지역 내 담당해야 할 거래처가 지정되어 있다. 영업을 할 수 있는 곳이 타 영업에 비해 상대적으로 적은 편이다. 때문에 특히 중요한 거래처에는 더 신경을 써야만 한다. 중요한 거래처였기에 나는 포기할 수 없었다. 그날부터 어떻게 하면 고객의 마음을 다시 돌릴 수 있을까만 생각하고 고민했다.

이후 난 매주 정해진 시간에 S내과 원장을 만나기 위해 방문드렸고, 아침·저녁으로 기다리면서 나의 실수를 만회하기 위해 노력했다. 3개월 동안 꾸준히 방문 드렸고, 결국 원장을 다시 만날 수 있었다. 고객의 마음을 다시 돌릴 수 있었던 이유는 크게 두 가지였다.

첫째, 매일 기다리면서 무조건 긍정적인 생각과 말만 했었다. '괜찮아, 지금 이 상황을 통해 내가 더 성장하는 기회로 삼자' '지금 잘 되고 있는 과정이야' 긍정의 힘을 믿었다.

둘째, 작은 선물을 챙겨 갔다. 고객이 다시 바로 만나주지 않을 거라는 생각을 한 후, 방문한 티를 내기 위해 초콜릿, 사탕, 편지 등의 마음을 담은 작은 선물을 준비해서 갔다.

진짜 장애는 바로 마음의 장애다. 겉으로 볼 때 멀쩡해 보여도 마음이 삐뚤어져 있으면 아무것도 제대로 할 수가 없다. 하지만 몸의 한 부분이 불편해도 마음이 제대로 된 사람은 무슨 일이든지 반드시 해낸다.

실수 이후가 중요하다. 사람은 누구나 실수를 할 수 있다. 문제는 내가 확인조차 하지 않았다는 것이다. 한번만 확인을 했더라면 이런 큰 사고를 막을 수 있었다. 이일을 계기로 난 '확인'의 중요성을 깨달았다. 또한 나를 뒤돌아볼 수 있는 기회도 생겼다. 나는 인생에서 중요한 것을 깨닫게 되었다. 이후 난 어떤 일 처리를 하든지 진행상황과 과정 및 결과에 대해 사전에 두 세 번씩 확인하는 습관을 갖게 되었다. 특히 중요한 사항에 대해서는 사소한 부분까지 미리 반복적으로 점검해서 같은 일이 되풀이 되지 않도록 노력했다. 거절을 당한 처음에는 자신감이 없었는데 고객의 거절을 통해 나를 돌아볼 수 있는 시간을 가지게 되면서 자신감은 점점 더 올라갔다.

'뭐든지 생각하기 나름이다.' 영업하면서 몇 번쯤은 고객으로부터 거절을 당해보았을 것이다. 똑같은 일을 겪더라도 받아들이는 사람의 의식과 관점에 따라 결과가 달라진다. '나는 이번 거절을 통해 나를 점검하는 시간을 갖겠어!'라고 다짐하며 영업의 성과를 내기 위해 노력하는 사람이 있다. 한편 다른 이는 '역시 나는 안 돼!'라고 생각하며 자신의 삶을 비관하기만 했다. 훗날 두 사람의 결과는 불을 보듯 뻔하다.

나는 수많은 사람들을 컨설팅 하고 있다. 대부분 현재 영업하고 있는 일반인, 직장인 그리고 영업을 시작하려는 취업준비생들이다. 컨설팅이란 용어조차 모르는 학생들도 많다. 그들에게 컨설팅에 대해 나는 이렇게 말한다. "왜 나를 만나고 싶은지? 나를 통해 무엇을 얻고 싶은지?" 그러면 "아~" 하면서 나에게 문제를 보낸다.

영업 컨설팅을 진행하다 보면 일부 영업인들은 다니고 있는 회사의 단점을 부각시켜 이야기 하는 경우가 종종 있다.

"저희 회사는 브랜드가 약해요." "제품의 질이 떨어져요." 스스로 한계를 지어버리는 것이다. 어떤 고객도 그 회사를 비난하고, 제품을 욕하지 않는다. 영업인 스스로 틀 안에 가둬버리는 것이 큰 문제다. 거기서 벗어나야만 한다.

고객으로부터 거절을 당하는 것이 문제가 아니라 거절로 끝내는 것이 문제다. 이제부터 고객의 거절에 감사함을 가져보자. 거절을 통해 나를 돌아볼 수 있는 기회로 만들어야 한다.

고객의 거절을 극복할수록 당신에게는 계속해서 더 새로운 기회가 열릴 것이다. 기억하라. 거절은 나를 돌아볼 수 있는 기회라는 것을.

Point

- 좋은 일에는 방해가 많이 따른다.

5 거절을 이기는 법을 배워라

고객의 거절은 판매 과정에서 피할 수 없는 너무나도 당연한 과성이다. 그럼에도 불구하고 고객이 제품에 대한 높은 가격, 경쟁사의 더 나은 제안 등 다양한 이유로 거절하기 시작하면 대부분의 영업사원들은 좌절하고 의기소침해진다.

고객들은 하루에도 수많은 영업사원들의 방문으로 괴로워하며 몇 천개의 광고 메시지에 노출되어 있는 것이 오늘날의 현실이다. 그로 인해 고객들은 그들의 소중한 시간과 돈을 지키기 위해 영업사원들의 방문에 대해 의심하고, 조심스럽게 대하기 시작한다.

당신이 무엇을 판매하든, 고객들이 거절하는 이유에 대해 정확히 파악해야 하며 반드시 해결해야만 판매로 갈 수 있다. 거절을 이기는 법을 아는 능력이 당신의 영업 성공에서 매우 중요하다.

영업을 공부하며 소통 기법 중 하나인 고객의 거절을 방어하는 '더블 바인드 기법'에 대해 배웠다. 영업 화법에서 매우 중요한 핵심이며 많이 사용하고 있는 방법이다. 특히 고객에게 선택을 받을 때 사용되는데, 고객에게 거절이라는 답을 듣지 않을 수 있는 비법이다.

이 기법은 고객의 거절을 거절하는 것이다. 영업현장에서 주로 고객과 제품설명회를 잡을 때 사용하는데 "원장님 다음 주 목요일 어떠세요?"라고 물으면 고객은 "그 날은 다른 일정이 있어서 안 돼요"라고 거절할 수 있다.

더블 바인드 기법을 쓰면 "원장님 다음 주 수요일이 괜찮으세요? 아님 목요일이 괜찮으세요?"라고 물어볼 경우 고객입장에서 "아니요"라고 거절하기 어렵다.

더블 바인드 기법에서 중요한 포인트는 뭔가를 부탁하거나 바라지 않는다는데 있다. 고객은 이미 나에게 구매결정을 했다는 전제하에 그 방법에 대해 몇 가지 선택사항을 제시하는 것이다. 즉 제품설명회를 하는 것은 결정됐다고 생각하고 수요일이 좋을지, 목요일이 좋을지 결정하게 하는 것이다.

병원에 가면 예방접종을 한다. 병원에 근무하는 원장, 간호사들이 내원하는 환자에게 예방접종 백신에 대한 설명을 한다. 설명을 잘 하기 위해서는 백신에 대한 제품 지식뿐만 아니라 환자를 대하는 소통 능력 또한 중요한 요소가 된다. 이러한 교육을 내가 담당하고 있는 거다.

대부분의 병원에서는 이러한 제품설명회를 귀찮아한다. "선생님, 제품에 대한 새로운 소식이 있어서 교육을 하는 거 어떠세요?"라고 물으면 대부분은 "괜찮아요"라고 한다. 실제로 나는 제품설명회 일정을 잡기 위해 이렇게 했다. 결과는 불을 보듯 뻔하다. 대부분의 고객들이 괜찮다는 반응이었다.

방법을 찾던 중 더블 바인드 기법에 대해 알게 되었고, 소통 방법을 바꿔 영업을 했다. "선생님, 제품에 대한 새로운 소식이 있어서 교육을 진행해야 하는데 다음 주 수요일이 괜찮으세요? 아님 목요일이 괜찮으세요?"라고 물어보았을 때 90% 이상의 고객들이 "다음 주 수요일에 하죠." "목요일이 좋겠네요!"라는 반응이었다.

거절을 이기는 법을 배우기 위해서는 반드시 알아야 할 한 가지 규칙이 있다.

"어떠한 거절도 없는 영업은 없다! 이것을 명심하자!"

▌ 거절은 또 다른 관심

거절은 좋은 것이다. 고객이 거절한다는 의미는 당신의 제품에 관심이 있다는 것을 나타낸다. 성과를 내는 영업고수들의 영업은 그렇지 않은 영업사원보다 2~3배 이상 많은 거절을 이겨낸 사람들이다.

어떤 회사의 영업본부장은 "좋아하는 여성이 생기면 '좋아한다'고 말해. 그 한마디를 못하면 영업하지 말아야지. 말을 못하는 사람은 언제라도 나한테 와. 부서 바꿔줄 테니까"하고 상당히 거친 말로 영업부대를 고무시켰다. "데이트 신청을 하지 않으면 Yes나 No의 결과는 안 나온다." 그 영업본부장은 "잠재고객이 설사 거절한다고 해도 실망하지마. 그것은 상품이나 서비스 내용이 마음에 들지 않는다는 말이지. 자네들의 인격이 부정된 것은 아니야. 따라서 No라는 말을 들을 때까지 사무실에 돌아오지 마라"하고 입버릇처럼 말했다고 한다. 이런 내용들을 미리 알고 고객을 만나야 한다. 신기하게도 고객의 거절이 두렵지 않게 된다.

얼마 전 팀장은 회복탄력성에 대한 강의를 듣고 온 적이 있었다. 평소에 내가 강의에 관심이 많다는 것을 잘 알고 있는 팀장은 내게 말했다.

"태호야, 다음 달 팀 미팅에서 팀원들에게 네가 강의 좀 해줘"

팀장은 회복탄력성에 대한 자료를 내게 주면서 말했다. 강의 준비를 하면서 회복탄력성에 대한 개념과 내용에 대해 철저히 연구했다. 너무 재밌었다. 서점에서 관련한 책도 구입해서 보고, 동영상도 찾았다. 가르치면서 배우는 게 가장 크다는 말이 맞다.

『회복탄력성』의 김주환 저자는 "회복탄력성은 영어 'Resilience'의 번역어이다. 크고 작은 다양한 역경과 실패를 오히려 도약의 발판으로 삼아 더 높이 뛰어 오르는 마음의 근력을 의미한다"라고 말한다. 회복탄력성이 강한 사람은 어떤 시련과 역경을 마주하더라도 능히 이겨내고 잘 적응해갈 수 있다. 특히 고객에게 수없이 거절당하는 영업사원에게 있어 회복탄력성은 중요한 요소라는 생각이 들었다.

어려운 환경에서도 남다른 성과를 낸 사람들은 공통적으로

"역경 덕분에 성공할 수 있었다"고 말한다. 회복탄력성을 높이기 위한 3가지 핵심은 감정 조절력, 원인 분석력, 충동 통제력이다. 감정조절력은 외부에서 자극이 왔을 때 부정적, 즉흥적으로 반응하지 않고 긍정적, 주도적으로 반응할 수 있는 능력을 말한다.

원인분석력은 자신이 처한 상황을 객관적이고 정확하게 해석할 수 있는 능력이다. 마지막으로 충동 통제력은 보다 나은 결과를 위해 순간적, 충동적인 반응을 참고 억제할 수 있는 능력을 말한다.

나는 운이 참 좋은 사람이다. 팀장 덕분에 회복탄력성에 대해 알게 되었고, 강의 준비를 위해 스스로 학습하며 배울 수 있었기 때문이다. 영업사원 뿐만 아니라 성공을 원하는 사람이라면 꼭 회복탄력성에 대한 공부를 할 필요가 있다.

더블 바인드 기법과 회복탄력성에 대해 공부를 하며 영업현장에 적용해 보니 실제로 성과가 나오기 시작했다. 자신감도 더 많이 생겼다. 영업을 하면서 당신이 고객을 만나기 전에 자신감 없는 태도로 '아, 이게 될까?' '아, 어려울 것 같은데'라고 생각하는 순간 그 일은 어떤 결과도 일어나지 않는다. 두려워하고 의심하는 순간 영업은 끝난다.

더블 바인드 기법의 핵심은 당신의 자신감과 모든 것이 이루어졌다고 상상하고 행동하는 것이 포인트다. 영업고수들은 거절을 이기는 법을 배운 사람들이다. 고객에게 더 당당하게 요구하고, 자신감 넘치는 모습으로 일하는 사람들이다. 그래야 고객은 당신을 믿고 따라온다. 가장 중요한 건 누가 뭐래도 바로 당신 자신이다.

당신 스스로 자신감을 가지고 거절을 이기는 비법으로 고객을 이끌어간다면 누구에게도 거절당하지 않고 영업할 수 있을 것이다.

Point

– 두려워하고 의심하는 순간 영업은 끝난다.

6 진심으로 고객을 감동시켜라

영업사원들의 목표달성과 성취는 고객에게 달려있다. 부인할
수 없는 사실이다. 고객은 우리의 생각 속에 늘 가장 중요한
사람이다. 우리는 어떤 방법이든 우리의 고객에게 만족을 넘
어 감동을 주기 위한 전략을 짜야 한다. 샘 월튼Sam Walton은
"진짜 주인은 항상 고객이다. 그리고 고객은 언제든 아주 쉽게
우리를 해고하고 다른 데 돈 쓰는 것을 결정할 수 있다"라고
말했다.

처음에는 무조건 회사에서 시키는 대로 제품을 팔기 위해
고객을 만났다. 수많은 경쟁사들과 피나는 싸움을 해야 하는
제약영업은 담당 지역 및 고객이 명확하게 정해져 있다. 때문

에 남들과 똑같이 해서는 절대 성과를 낼 수 없다. 이미 경쟁 구조는 정해졌고 한 사람의 고객을 확보하기 위해 치열한 전투를 해야 하는 상황인 것이다.

이왕 시작한 거 제대로 한 번 해보고 싶다는 욕망이 강렬했다. 어떻게 하면 고객을 감동시킬 수 있을까? 늘 생각하고, 고민했다. 경쟁사 영업사원들과 다른 나만의 방법을 찾고 싶었다. 고객의 마음을 얻어 감동시킬 수 있는 나만의 비법이 필요했던 것이다. 일단 처음에는 고객과의 친분을 쌓는 것부터 시작했다. 꾸준히 찾아다니며 인사하고 우리 제품을 설명했다. 이것은 누구나 할 수 있고 또 하고 있는 일이었다.

어떤 일이든 재미가 없으면 하고 싶지 않다. 이왕 하는 영업 누구보다 재밌게 하고 싶었다. 나를 돌아보기 시작했다. 그렇게 찾아가던 중, 드디어 나만의 비법을 하나 발견했다. 나의 강점, 내가 잘 하는 것, 좋아하는 것을 영업에 활용하기로 했다. 이때부터 생각과 아이디어가 마구 떠오르기 시작했다.

2014년 8월 더운 여름날이었다. 숨 쉬기만 해도 더운 여름날은 영업하기 참 힘든 계절이다. 여름에 영업하는 것이 힘든 것은 자연스러운 일이다. 조금만 움직여도 숨이 턱 막히고, 온

몸에 땀이 범벅이 되기 때문이다. 이런 날에는 차에서 에어컨을 강하게 틀어 놓고 나오기가 싫기 마련이다.

그런데 나는 이런 날 더 움직이게 된다. 잘 생각해보자. 이런 더운 날은 나만 힘든 것이 아니다. 경쟁사 영업사원들도 힘든 상황은 마찬가지다. 힘들 때는 잠시 앉아 있어도 좋지만 계속 그 자리에 주저앉아 있으면 안 된다. 다시 마음을 가다듬고 현장으로 당당하게 나서야 한다.

게다가 이렇게 더운 여름날은 거래처도 한산하다. 나는 얼음을 가득 담은 아이스박스에 시원한 음료와 물을 넣었다. 한 손에는 브로슈어가 들어 있는 서류 가방을 들고, 다른 손에는 아이스박스를 들고 거래처 고객들을 만났다. 대부분의 고객들은 제품이 들어 있는 줄 안다. 아이스박스를 열면서 "드시고 싶은 거 골라서 드세요. 날씨가 너무 더워 시원하게 해드리려고 가져왔어요"라고 말하며 건넨다.

보통 하루에 10~13군데 거래처를 다닌다. 이 중 90%가 넘는 다수의 거래처 고객들은 어린아이와 같은 표정을 짓고, "와, 정말 고마워요. 잘 마실게요. 최고에요"라며 격려와 칭찬을 아끼지 않는다.

사실 별거는 아니다. 난 그저 더운 여름날 거래처에는 한산하고, 경쟁사 영업사원들이 잘 활동하지 않는다는 점을 파악했다. 영업에서 진심으로 고객을 감동시키는 정답은 없다. 또한 성공과 실패도 없다. 오직 경험만 존재할 뿐이다. 영업에 대해 생각하면서 떠오른 아이디어는 작은 것이라도 즉각적으로 실행하여 고객들의 반응을 봐야 하는 이유다. 고객이 좋아하면 다른 고객에게 전파하면 되고, 싫어한다면 나를 바꾸라는 신호다.

과정을 세심하게 분석하고, 파악하여 나를 바꾸면 된다. 마음을 담아 정성을 다해 작은 것이라도 지금 당장 내가 할 수 있는 일을 하다 보면 어느 순간 얼굴에 미소를 머금고 있는 고객의 모습을 마주할 것이다.

▌ 자신의 장점을 활용하라

이젠 병원도 경쟁시대다. 제약영업의 주 거래처는 병원이고, 고객은 의사선생님이다.

나는 병원 시스템에 대해 누구보다 잘 알고 있다. 이제는 진료만 잘하는 병원은 살아남지 못하는 시대다. 생존을 위해서 병원 마케팅과 직원들의 친절교육은 선택이 아닌 필수가 되었다. 바로 이 부분을 공략했다.

평소에 환자들을 치료하느라 나의 고객은 늘 바쁘다. 병원 직원들을 챙길만한 여유가 없는 사람들이다. 그들이 진료에 최선을 다할 수 있도록 직원들에 대한 마인드와 친절교육을 직접 담당하기로 결정했다.

즉시 제안서를 만들고, 미팅을 했다. 모든 거래처를 만족시킬 수 없지만 10군데 제안서를 넣으면 7군데 이상에서 긍정적인 반응이 왔다.

7군데를 순차적으로 방문 드려 병원장이 직원들에게 직접적으로 말하기 어려운 내용들을 참고하여 강연내용을 준비했다. 보통 강연 일주일 전부터 거래처에 앉아 있으면서 직원들에게 도움이 될 내용을 준비했다. 신기하게도 강연을 하면 할수록 콘텐츠나 전달력이 올라간다는 것을 느낄 수 있었다.

그 때부터 '영업' 관련 책들을 읽기 시작했다. 책에는 고객을 감동시키는 스킬과 방법에 대해 소개되어 있었다. 노트에 기록하면서 책에서 알려주는 조언에 나만의 생각, 아이디어, 노하우를 적용시켰다. 그렇게 공부한 내용들을 바탕으로 병원장에게 제안을 드렸다. 결과는 대박이었다.

거래처에서 소문이 나기 시작했다. 내가 진정으로 행복을 느끼는 활동을 할 때 상대방에게 그대로 전달되는 것이다. 고객을 진심으로 감동시키고 싶은가. 그럼 당신이 가장 잘하는 것, 좋아하는 것을 찾아라. 그리고 영업에 적용시켜보자. 영업을 하는 자신이 자랑스럽고, 행복함을 느낄 것이다. 그런 마음의 상태는 그대로 우리 고객에게 전달된다.

나는 항상 병원의 원장과 직원, 그들의 입장에서 먼저 생각하려고 노력한다. 영업 담당자가 직접 참여하여 진정으로 내 거래처를 위해 마음을 다하는 것. 진짜 영업인 것이다. 우리는 소소한 일상 속에서 감동을 종종 받는다. 너무 어렵게 생각하지 말자.

우리 주변에서 이런 감동은 늘 일어난다. 두 손 가득 무거운 짐을 안고 엘리베이터에 탔다. 먼저 타 있던 이웃이 '몇 층 가세요?' 라며 대신 버튼을 눌러준다. 얼마 전 회사에서 후배에게 영업활동에 대한 컨설팅을 해준 적이 있다. 다음 날 후배가 감사편지와 함께 작은 선물을 정성스레 포장하여 건네줄 때 완전 감동 받았다.

이런 일상사례의 고객 감동 포인트는 모두 고객입장에서 생각한다는 것이다. 영업현장에서 영업이 잘 안될 때는 잠시 멈

춰서 고객의 입장에서 생각하자. 거기에 당신의 작은 마음을
더한다면 성과는 자연스럽게 따라오는 결과다.

감동에는 안 될 것 같아 보이는 일도 되게 만드는 힘이 있
다. 감동은 사람의 마음을 여는 열쇠이며 하늘마저 감동시키
는 마법이다.

영업현장에서 원하는 목표달성을 위해 몸과 마음을 다 바쳐
모든 노력을 쏟아 부을 때 고객은 감동하게 된다. 영업고수들
은 오늘도 진심으로 고객을 감동시키는 사람들이다.

7 고객의 거절은 가장 좋은 선물이다

영업고수들은 일반 영업인에 비해 고객들의 수많은 거절을 극복한 사람들이다. 그 과정 속에서 거절처리에 더 많은 시간과 노력을 쏟은 사람들이다. 당신은 자신에 관한 것, 목표 달성 그리고 그 과정에서 발생하는 거절의 이유에 대해 더 정확히 생각해야 한다. 그러면 당신이 하는 모든 영업활동은 성공적일 것이다.

오늘날 고객은 과거보다 더 많은 것을 요구하며 거절한다. 고객이 거절하는 데는 크게 세 가지 이유가 있다.

첫째, 고객은 더 의심이 많다.

둘째, 고객은 이미 다양한 제품과 서비스 혜택을 받고 있다.

셋째, 고객은 과거에 구매 실패에 대한 두려움이 있다.

이러한 상황을 극복하기 위해서는 고객이 이 제품을 구매해야 할 충분한 이유를 만들어 줘야 한다. 또한 나중이 아니라 지금 구매해야 하는 이유를 명확히 밝혀줘야 한다. 영업고수들은 우리를 고용한 1인 기업가다. 당신은 제품에 대한 판매를 담당하는 영업사원이며, 개인 서비스를 제공한다.

당신의 목표는 고객의 거절을 극복하여 제품 판매를 통해 목표달성을 하는 것이다. 회사는 항상 '투자자본수익률'ROI, Return On Invest 즉, 투자가 얼마나 수익성이 있는지에 대해 따진다.

당신의 목표와 에너지는 모두 당신이 판매하는 제품에 쏟아야 한다. 그 과정에서 고객으로부터의 거절은 당연한 것이고, 이를 극복하는 사람만이 원하는 목표달성을 할 수 있다.

나는 오랜 기간 영업을 하면서 영업고수들의 성격, 가치관에 대해 알게 되었다. 그들의 말과 행동에 대해서도 배울 수 있었다. 이 부분을 깨닫기 위해 참으로 많은 시행착오를 겪어야만 했다. 영업 초기에는 고객들로부터 받는 거절이 이해가 가지 않았다.

"도대체 고객은 왜 거절을 하는 거지?"

"왜 나를 안 만나는 걸까?"

너무 궁금했다. 나는 담당하고 있는 제품을 팔기 위해 열심히 고객을 찾아 다녔다. 그러나 고객들을 만나기가 쉽지 않은 경우가 대부분이었다. 어렵게 고객을 만나더라도 반가워하기보다는 귀찮아하는 사람이 훨씬 더 많았다. 그래서 만나게 되면 작은 선물로 기분을 살피거나 칭찬으로 분위기를 만들게 된다. 그러다 타이밍이 오면 제품에 대한 디테일을 한다.

이런 과정을 반복하다 보니 느낌이 왔다. 이렇게 해서는 성과를 올리기 어렵다는 사실을 깨달았다. 한 명의 고객에게 나뿐만 아니라 하루에도 수많은 경쟁사 영업사원들의 방문이 이어졌다. 차별화가 필요했다. 이런 영업 방식으로는 금방 슬럼프가 오고, 지치고 힘들기만 할 뿐이었다.

고객으로부터 거절을 수없이 당하다 보니 문득 이런 생각이 들었다.

'내가 지금 뭐 하고 있는 거지?'

'그냥 그만 할까?'

어떤 사람은 거절의 이유가 부족한 상담 실력에 있다고 생각하고 화술, 눈에 보이는 스킬을 배우려고 하는 사람이 있다.

물론 필요하다. 하지만 영업은 눈에 보이지 않는 것이 전부라고 해도 과언이 아니다. 고객이 거절하는 데는 분명한 이유가 있을 것이라는 생각으로 그 이유를 찾기 시작하면서 나의 상황은 달라졌다.

어느 순간 고객의 거절로부터 깨달은 점이 있다. '고객이 거절하는 데는 분명한 이유가 있다.' '그 이유를 찾아서 해결해주자'는 것이었다. 나는 일방적으로 내 제품을 팔기 위해 고객을 만나는 것이 아니라 '고객이 내게 제품을 사도록 영업을 해야겠다'는 관점을 바꾸기 시작했다.

수많은 거절을 통해서 배운 지혜와 깨달음이었다. 순간 몸에 힘이 빠지며 머리가 가벼워지는 경험을 했다. 고객으로부터 수없이 많은 거절을 당하면서 배운 것이다.

고객이 나에게 제품을 사기 위해 과연 '나는 어떤 준비가 되어 있는지?' '내가 담당하고 있는 제품은 고객이 구매할 만한 매력이 있는지?' 관점을 바꿔 생각하니 영업이 더 잘 되는 기분이 들었다.

결국 영업을 대하는 태도에 따라 결과는 달라진다는 큰 깨달음을 얻은 것이다.

❚ 관점을 바꿔라

지금 고객에게 수많은 거절을 당한다고 해서 좌절할 필요가 없다. 거절은 당신에게 배움을 줄 것이다. 배움을 얻고, 깨달아 다시 적용하면 된다. 이것이 영업고수의 마인드다. 고객의 거절을 통해서 고객이 원하는 것이 무엇인지를 진정으로 찾게 될 것이다. '거절을 극복하기 위해 나는 어떤 태도를 가져야 할까?'라는 생각을 하게 된다.

고객의 욕구를 찾아서 즉시 실천하고 움직여야만 한다. 절대 포기해서는 안 된다. 수많은 거절 뒤에 찾아오는 것이 우리의 목표달성이다. 수많은 거절의 경험 속에서 우리는 더 성공할 것이다. 지금부터 이렇게 생각해보면 어떨까? 영업을 하면서 원하는 목표달성을 이룬다. 하지만 이루어지지 않을 때가 있다. 나한테 유리한 상황으로 오고 있는 과정이다. 나한테 도움이 되기 때문에 그런 것이다.

고객에게 거절을 당할 때. 그때는 영업을 다시 돌아보고 배우면 된다. 수정·보완해서 다시 실행하면 된다. 내가 원하는 것을 다 이루는 게 좋은 것이 아니다. 이렇게 관점을 바꾸고 나니 거절은 나에게 중요한 배움, 지혜, 깨달음을 주기 시작했다. 영업고수가 되기 위한 정답은 없다. 하지만 지금까지 오면서 먼저 경험한 영업고수들로부터 배울 수는 있다. 그들은 한결 같이 다른 사람이 아닌 오직 자신만의 영업방식으로 고객의 거절을 극복한 사람들이었다.

내가 보이기 시작했다. '성과를 만들어 내기 위해 지금 즉시 할 수 있는 일은 무엇인가?' 끊임없이 자문하고, 답하기를 반복했다. 고객에게 나를 알리기 위해 나만의 경험과 색깔을 담아 포트폴리오 제작부터 거래처에서 필요한 부분을 적극 찾아내어 해결해주기 위한 방법을 고민했다.

나를 돌아보기 시작하니 고객은 나를 다시 보기 시작했다. 거래처로부터 나를 찾는 전화벨이 울리기 시작했다. 자연스럽게 담당하는 제품의 판매로 이어졌다. 매달 목표달성을 하며 영업 순위는 올라갔다. "우리 회사에서 신입사원이 10위권 안에 진입하는 건 불가능해!"라고 말했던 선배의 말이 틀렸다는 것을 나는 증명해 보였다.

입사 6개월 만에 '상위 톱10' 안에 들었다. 그 때의 기쁨은 이루 말할 수 없다. 지금도 생생히 기억난다. 결국 고객의 거절은 끝이 아닌 시작이며 그들의 거절로부터 나는 가장 좋은 선물을 받을 수 있었다. 10년 넘게 영업을 지속해 올 수 있었던 원동력은 바로 그때 그 순간 고객들로부터 받은 수많은 거절의 경험 덕분에 이 자리까지 올 수 있었다.

지금 수많은 거절로 아파하고 힘들어 한다면 지금까지 해온 내 방식에 문제가 있다고 생각하자. 내가 과거의 모습에서 벗어나지 못하도록 나를 가로 막는 모든 것들을 모조리 잘라내자. 잘 모르겠으면 주변에서 영업을 잘하는 사람들이 어떻게 생각하고, 말하고, 행동하는지를 관찰해보면 된다.

나를 바꾸는 경험, 그래서 결과도 좋게 바뀌는 경험을 해보면 재미가 생기고, 용기가 난다. 그러면 새로운 시도를 해볼 수 있게 된다. 이제 할 수 있는 작은 것부터 해보자.

반드시 기억하기 바란다. 고객의 거절은 가장 좋은 선물이라는 것을.

3

마법과 같은
'경청'의 힘

"어떤 사람의 관점에 동의하거나 지지하지 않는 경우에도,

그 관점을 수용하고 이해할 수는 있다."

_칼 로저스

1 답은 고객의
니즈에 있다

고객은 영업사원이 아닌 그들의 문제를 해결하기 위한 목적으로 우리 제품을 구매한다. 당신이 판매하는데 있어 가장 중요한 부분은 담당하고 있는 제품이나 서비스로 해결할 수 있는 고객의 진정한 욕구나 문제를 밝히는 것이다. 영업고수들은 이 점을 정확하게 알고 있는 사람들이다.

모든 고객과 상황에서 영업의 목표 달성을 위한 핵심 포인트는 질문과 경청이다. 경청은 신뢰를 구축한다. 영업고수는 고객의 대답에 주의를 집중하는 사람이다. 그렇게 하지 않으면 신뢰를 상실할 것이다. 고객이 말을 하고 있는데 다른 생각이나 행동을 한다면 그는 영업사원이 자신의 말을 듣고 있지 않다고 느끼게 된다.

대부분의 사람들은 다른 사람들의 말을 듣는데 익숙하지 않다. 우리는 회사에서 영업 교육을 받을 때면 '항상 고객의 말을 경청해야 한다'고 배우지만 고객의 말을 듣는 훈련도 제대로 받지 못했다. 고객의 말을 경청하는 것은 고도의 기술과 집중이 필요하다. 경청하는 것도 훈련을 해야 한다.

고객이 우리의 말을 경청할 때 얼마나 고맙게 느껴지는가? 우리는 정말로 고객의 말을 경청하고 있는가? 단순히 듣는 척이 아니라 온 몸으로 고객의 이야기를 받아들이고 있는지 생각해볼 필요가 있다. 우리가 그들의 말을 진심으로 듣지 않는다면, 우리는 자신과 그들을 속이고 있는 것이다.

우리의 신체 중 귀가 두 개이고 입이 하나인 이유는 말하는 것보다 더 많이 들어야 한다는 이유일 것이다. 아마 영업사원이 배워야 할 가장 어려운 일은 입을 다물고 귀를 열어 온 몸으로 고객의 말을 들어야 하는 것일지도 모른다.

▌ 문제를 해결하는 사람

예전에 규모가 70명쯤 되는 내과 검진센터 원장으로부터 지금 내가 하고 있는 병원 직원 컨설팅 영업에 대해 교육해 달라는 요청을 받은 적이 있다. 5주간 교육하는 동안 그 직원들에게 내가 가장 강조한 부분은 순간을 넘기기 위해 자신과 고객을 속이지 말라는 것이었다. 환자들은 몸과 마음이 아픈 사람들이기 때문에 병원에 내원한다. 그만큼 치료와 예방을 목적으로 간절히 낫기를 원하는 경우가 대부분이기 때문에 의사나 간호사를 믿고 지시한대로 잘 따라주는 고객들이 대부분이다. 그래서 진료를 하거나 대기 중인 환자들에게 현재 문제나 상태를 제대로 진단하지 못하고 잘못된 설명을 제시해주면 안 된다.

제대로 환자의 상태를 파악하기 위해 환자가 말하는 모든 것을 잘 들어야 한다. 업무가 바쁘다고 대충 들어서는 안 된다. 듣는 척이 아니라 진정으로 마음을 다해 그 환자의 상태를 살펴야 한다.

사실 위 병원 사례는 대전에서 중심가에 위치한 모든 경쟁사 영업사원들이 자신들의 목표달성을 위해 반드시 거래처로 확보해야만 하는 일명 A급 거래처다. 나에게도 아주 중요한 거래처였다. 규모가 꽤 큰 병원이고, 이미 지역 주민들 사이에서는 소문이 잘 난 곳이다. 이미 모든 제품은 세팅이 완료된 상태다.

이런 곳에 우리 제품을 신규 하기는 쉽지 않은 상황이었다. 또한 병원 문 앞 눈에 가장 잘 보이는 위치에 다음과 같은 문구가 새겨져 있다.

'우리 병원은 원활한 진료를 위해 제약회사 제약영업사원의 출입을 금지합니다.'

병원장과 만날 수가 없는 상황이었다. 진료 중에는 만날 수 없다는 판단을 하고, 퇴근 후 주차장에서 그를 기다리기로 했다. 엘리베이터 문이 열리고 드디어 원장을 만났다.

"누구시죠?" "안녕하세요, 저는 M제약회사 담당자 권태호입니다." "다음에 오세요." 거절이었다.

여기서 난 멈출 수가 없었다. 미리 준비한 포트폴리오를 전달하면서 말했다.

"네, 알겠습니다. 원장님, 이거 한번만 봐주세요!"

다음 날 그 병원 사무장으로부터 전화가 왔다.

"권태호씨죠?" "네, 맞습니다."

"원장님이 오늘 6시쯤에 뵙자고 하시네요. 시간 되세요?"

"네, 물론입니다."

나는 속으로 외쳤다. '야호! 이렇게 바로 연락이 올 줄이야.' 너무 행복했다.

포트폴리오에는 나에 대한 소개와 함께 '저를 만난다면 병원 직원들의 마인드와 태도가 최상으로 바뀔 것입니다'라는 자신감의 내용을 담았다. 사실 병원장을 만나기 전에 병원에 근무하고 있는 직원들을 통해 미리 정보 파악을 했었다. 평소에 직원들의 교육과 복지를 강조한다는 점을 확인한 후, 거기에 맞는 포트폴리오를 제작했다.

A급 거래처의 원장은 자신의 시간을 뺏는 영업사원과의 만남을 싫어하는 사람이다. 그는 직원들을 잘 챙기기로 유명하다. "나는 내 제품을 팔기 위해 당신을 만나는 것이 아니라 당신이 직원들을 챙기는 것 이상으로 내가 팀 빌딩 및 교육을 책임지고 도와 줄 수 있는 사람이다"라는 확신을 심어주기로 한 것이다.

나는 스스로를 '컨설턴트Consultant'로 인식했다. 영업사원이 아닌 나의 지식과 경험을 기반으로 문제를 해결하는 사람으로 여겼다. 제품 판매하는 영업사원이 아니라 '문제를 해결하는 사람'으로 다가간 것이다. 의사가 환자를 진료할 때와 같은 전문가적인 행동에 초점을 맞춘 것처럼 병원 직원들의 상태 및 상황에 맞는 교육을 준비한 것이다.

이곳 한 거래처에서 신규를 통한 첫 해에 4,000만 원의 매출을 올릴 수 있었다. 다른 영업사원들과 차별화된 전략으로 나를 포지셔닝 할 수 있었던 비결은 고객의 니즈에 맞춰 실행했다는 점이다. 이미 제품이 세팅된 거래처에 잘 만날 수도 없는 고객이었지만 답을 고객의 니즈에서 찾을 수 있었다.

고객의 니즈를 정확히 파악하여 내가 줄 수 있는 병원 컨설팅과 같은 해결책을 포트폴리오에 담아 제안했다. 고객의 욕구를 충족시킬 수 있는 방법을 찾은 것이다.

당신 앞에 있는 고객이 원하는 것은 따로 있다는 사실을 명심하자. 고객이 듣고 싶어 하는 진짜 이야기를 해주는 사람, 그가 바로 영업고수다.

2 들어주는 것만 잘해도 절반은 성공한다

우리의 고객과 대화를 하면서 말하는 것보다 듣는 것이 훨씬 중요하다는 것을 명심해야 한다. 고객의 이야기를 '어떻게 듣느냐'에 따라 원하는 목표를 달성 할 수도 있고, 못할 수도 있다. 잘 들어주는 것만으로도 고객의 마음을 살 수도 있고, 잃기도 한다. 말하기보다 듣기가 중요한 이유다.

소통은 잘 듣고 공감하는 능력이 우선이다. 어렵게 고객을 만나 짧은 시간에 제품의 모든 장점을 말한다고 해서 고객은 듣는 게 아니다. 듣는 척을 하는 거다. 내가 무슨 이야기를 했느냐보다는 고객으로부터 무슨 이야기를 들었느냐가 소통의 핵심이다. 영업고수들은 고객의 말에 귀담아듣는 경청자세가 몸에 배인 사람들이다.

그들은 일단 경청한다. 그리고 열심히 관찰하고, 파악하고, 이해한다. 그런 다음에야 말을 한다. 일단 고객에 대해 아는 것이 먼저다. 고객이 당신을 좋아하게 만드는 방법은 아주 간단하다. 고객의 말을 잘 들어주는 것만으로도 당신에게 호감을 느낄 것이다. 고객이 당신에게 호감을 느끼도록 하는 것은 프로의식의 조건이다. 영업고수들은 이 프로의식을 배웠고, 실행하고 있는 사람들이다.

고객은 당신이 그들의 이야기를 듣는 척하는 것을 원치 않는다. 당신이 실제로 그들의 이야기를 잘 들어주기를 원한다. 온 몸으로! 고객의 이야기를 진정으로 들어줄 수 없다면 당신은 그 고객과 맞지 않는 영업사원이다. 모든 거래처가 당신의 고객이 될 수는 없다. 경청을 함으로써 정확하게 고객의 상황을 파악하면 된다.

지역 내 위치한 Y소아과를 거래처로 확보하기 위해 신규가 필요한 상황이었다. Y소아과 원장은 신앙이 두터운 분이셨다. 또한 두 자녀가 있었는데 그 중 큰 딸의 교육에 대해 남다른 분이셨다. 난 고객의 마음을 잡기 위해 정해진 시간에 꾸준히 방문 드렸다. 매번 방문 거절이었다. 그녀는 기존 거래처 담당자 외에는 절대 만나지 않는 고객이었다. '어떻게 하면 Y 원장을 만날 수 있을까?' 고민에 빠졌다.

그 때 문득 머릿속에 '신앙이 두터운 분' '큰 딸의 교육에 대한 남다른 분'이라는 미리 파악해놓은 정보가 스쳐 지나갔다. 다음 방문 때부터 메모지에 성경구절을 적었다. 그 아래 다음과 같은 메시지를 넣었다.

"원장님, 저도 신앙생활을 하고 있습니다. 하지만 많이 부족합니다. 아직 믿음이 부족하여 주일마다 예배를 드리면서 신앙을 키워가고 있습니다. 원장님과의 교제를 통해 신앙을 더 키우고 싶어 방문 드렸습니다." 명함과 함께 전달했다.

잠시 후 간호사에게 답이 왔다.

"원장님께서 오늘은 바쁘셔서 다음 주에 다시 오시래요."

효과가 있었다. 난 만남 이후에 어떤 이야기로 풀어 갈지에 대해서도 미리 생각하고, 준비했다.

"선생님, 안녕하세요. 지난 주 방문했던 권태호입니다."

간호사에게 바로 답이 왔다.

"안녕하세요. 원장님께서 기다리고 계셨어요."

'나를 기다리고 계셨다니…'

진료실 문이 열리고, 드디어 Y원장을 만났다.

원장은 내게 말했다.

"안녕하세요. 태호씨! 어떤 분일까 궁금했어요. 만나서 반가워요. 앉으세요."

내 생각과 다르게 Y원장은 너무 따뜻한 느낌을 가진 사람이었다. Y원장은 내게 신앙서적 소개뿐만 아니라 자녀들의 이야기도 허심탄회하게 말했다. 들으면 들을수록 빨려 들어가는 느낌이 들었고, 40분간 너무 재밌게 듣기만 했다. 들으면서 같이 공감하고, 웃고, 박수치고, 온 몸으로 들었다.

Y원장과 첫 만남은 그렇게 듣기만 했다. 난 매주 거래처에 들러 Y원장의 이야기에 귀를 기울였다. 내가 잘 들으면 들을수록 Y원장은 더 신나서 말했다. 2달 동안 난 매주 거래처에 들러 원장의 말에 귀를 기울였다. 어느 날, Y원장으로부터 전화가 왔다.

"태호씨, 남편이 보고 싶다고 하는데 같이 점심 먹을 수 있어요?"

그녀의 남편은 대학병원 교수였다.

"네, 그럼요. 좋습니다."

난 Y원장의 집에 초대되었다. 그날 첫째 딸의 생일이었다.

생일에 나를 초대한 것이었다. 그날 원장 가족과 함께 식사를 하며 재밌는 시간을 보낼 수 있었다.

바로 다음 날. 전화가 왔다. Y원장이었다.

"네, 원장님"

"태호씨, 담당하는 모든 제품 브로슈어 좀 가져오세요."

느낌이 너무 좋았다. 나는 즉시 방문해서 원장을 만났다. 경쟁사 제품을 모두 내가 담당하는 제품으로 바꿀 수 있었다. 보통 한 거래처에서 월 300만원 매출을 올리면 A급 거래처로 분류한다. 신규를 시작으로 Y소아과 첫 달 매출 월 500만원이 나온 것이다. 대박이었다. 바로 팀장에게 보고했고, 영업 사업부장으로부터 전화를 받아 칭찬과 격려를 한 몸에 받았다.

▌ 소통을 잘한다는 것

내가 담당하는 지역에서 목표달성을 하기 위해서는 Y소아과 신규를 하여 매출을 올려야 하는 상황이었다. 처음에 나는 Y소아과 원장을 만날 수만 있으면 좋겠다고 생각했다. 만남 후에도 섣불리 영업을 하려고 애쓰지 않았다. 시간을 두고 원장의 마음을 얻은 후에 영업해도 늦지 않겠다는 나의 판단은 정확히 맞았다.

물론 우리는 영업사원이고 열심히 제품을 설명하고, 제안해서 매출을 올리기 위해 뛰고 있지만 거래처 상황에 맞는 전략이 필요한 거다. Y원장이 나와 맞지 않을 수도 있고, 오히려 경쟁사의 제품이 고객에게 더 어울릴지도 모르는 일이었다. 이것을 알아내기 위해 난 듣고, 또 들었다. 때문에 아직 내 이야기를 할 단계가 아니라고 판단한 것이다.

여기서 정말 중요한 포인트는 듣는 척이 아니라 진정으로 맞장구 치고, 공감하고, 온전히 고객의 이야기를 들어야 한다. 만약 조금이라도 내 제품을 설명하기 위해 영업을 하게 되면 고객은 곧바로 마음을 닫게 된다. 고객의 상황을 정확히 파악하기 위해 잘 들어야 기회가 왔을 때 내 이야기를 할 수 있다.

우리가 들어주는 것만 잘해도 절반은 성공할 수 있다. 소통을 잘한다는 의미는 단순히 말을 잘한다는 게 아니라 상대의 이야기를 편안하게 공감하며 잘 들어준다는 것을 말한다. 영업고수들은 소통이 뛰어난 사람들이다. 자신의 이야기보다 고객의 이야기를 잘 들어주는 사람이다.

다시 말하지만 들어주는 것만 잘해도 절반은 성공한다.

3 경청은 가장 강력한 설득의 시작이다

고객을 설득한다는 것은 생각만 해도 설레는 일이다. 내가 하는 날에 고객이 고개를 끄덕거리면서 나의 말에 공감하고 있는 모습은 상상만 해도 설렌다. 그러나 사실은 우리가 고객을 설득하는 경우보다는 고객에 의해서 설득당하는 경우가 더 많이 발생하고 있다는 사실을 인정하지 않을 수 없다.

이런 결과는 대부분의 사람들은 듣는 것 보다는 말하는 것을 좋아하기 때문이다. 지금껏 살아오면서 우리는 듣는 연습을 해본 적이 없다. 오직 자기소개시간에 말하는 연습만 해왔던 것이다. 하지만 누군가를 설득하기 위해서는 상대가 말을 많이 할 수 있도록 잘 들어줘야 한다.

고등학교를 졸업하고 전문대학에 입학했다. 경제적 형편이 좋지 않아 학업을 이어가기 위해 아르바이트를 해야 했다. 그리고 성적 우수 장학생이 되어 장학금으로 학비를 마련해야 했다. 교수님을 설득해야만 했다. 방법을 찾던 중 나는 수업 시간 맨 앞자리에 앉아서 교수님의 한 마디 한 마디를 노트에 메모하며 경청했다.

졸업할 때까지 난 성적 우수 장학생을 단 한 번도 놓친 적이 없다. 졸업할 때 우수 장학생 수상도 받았다. 내가 교수님을 설득하기 위한 방법으로 선택한 것은 경청이었다. 교수님의 수업 내용을 모두 받아 적으며, 공부했다. 결국 나의 열심을 인정한 교수님은 후한 학점을 주셨고, 장학생에 선발될 수 있었다.

학창 시절 나는 친구들에게 인기가 많은 편이었다. 과대표와 학생회장에 선발되어 선·후배들과 친하게 지낼 수 있었다. 친구들은 나에게 고민 상담을 요청해왔고, 누구보다 난 그들의 이야기에 귀를 기울이며 진정으로 이해하며 공감했다. 진심이 통했는지 친구들은 내가 정말 잘 들어준다며 고마워했고, 칭찬을 아끼지 않았다.

친구들은 나에게 학업 고민, 이성 고민 등을 들고 찾아왔다.

그럴 때면 '난 최고의 경청 전문가야'라는 자기 주문을 외우고 최선을 다해 그들의 이야기를 들어 주었다. 그들의 이야기가 끝나면 매번 그들은 나에게 공통적으로 하는 이야기가 있었다.

"태호야, 정말 고마워. 이상하게 너랑 얘기하면 속이 후련해진단 말이야." "태호 선배, 고마워요. 선배랑 말하면 속이 시원해져요."

이제와 생각해보면 내가 그들에게 해준 건 없다. 상담이라고 조언을 해 준 것도 아니다. 온전히 그들의 이야기에 공감하며 울고, 웃었다. 단지 경청만 했을 뿐인데 그들은 나에게 감사인사를 끊임없이 했다. 그 때 난 깨달았다. 상대의 마음을 얻기 위해서는 그들의 이야기를 잘 들어주면 된다는 확신이 생겼다.

▌ 경청 전문가

영업을 하는 지금도 고객을 만날 때면 항상 주문을 외운다.
"나는 최고의 경청 전문가다!"
고객을 만나서 '오늘은 무슨 이야기를 하지?' '어떻게 설명을 해야 하나?'라고 걱정하고 있다면 당신은 초보영업사원이다. 할 말이 없다고 걱정하지 마라. 줄게 없다고 걱정하지 마라. 당신에게는 최고의 무기인 '경청'이 있다. 우선 고객의 말을 듣는 것부터 시작해야 그들의 마음을 얻을 수 있다.

그러면 소통을 할 때 어느 정도 들어야 경청을 잘하는 걸까? 이건 단계별로 다르다. 고객을 처음 만나는 상황이면 간단히 자기소개를 하고 명함을 건네면 된다. 이후에는 고객의 얼굴을 익힐 때 까지는 '9대 1'의 비율로 그들의 이야기를 들어야 한다. 대화의 전체를 10이라고 봤을 때, 내가 고객의 이야기를 듣는 비율이 9다. 그들이 질문해오면 간단히 답변하면 된다.

고객과 친분이 쌓이게 되면 '7대 3'의 비율로 커뮤니케이션하면 된다. 당신이 굳이 많은 말을 하지 않아도 된다. 고객의 말을 경청하는 것만으로도 그들은 당신에게 호감을 느끼게 될 것이며, 고객으로부터 원하는 정보를 얻어낼 수 있다.

사실 경청에도 기술이 있다. 오래 전 설득전문가에게 설득훈련을 받았다. 또한 대학원에서 코칭을 배우면서 경청의 단계, 기술에 대해 배웠다. 그렇다면 올바른 경청자세란 어떤 자세일까? 내가 직접 사용하는 경청의 세 가지 기술에 대해 말해 주겠다.

첫째, 당신의 몸을 반쯤 앞으로 기울인 채로 경청에 임하라. 이름 하여 '탑 대화법'이다. 피사의 사탑을 알 것이다. 이탈리아 토스카나 주 피사시의 피사 대성당에 있는 종탑으로 기울어진 탑으로 유명하다. 당신의 몸을 고객방향으로 약간 기울인 채로 들어야 고객은 '이 영업사원은 내 이야기에 귀 기울여 들을 준비가 되어 있네'라고 생각할 것이다.

둘째, '감탄사'를 사용하라. 고객의 말에서 핵심 포인트나 내용을 들으며 중산 중간에 감탄사를 사용하는 것이다. "와우" "이야" "대박" "오~" "아하~" 등과 같이 고객의 말을 경청하면서 고객은 당신이 자신의 이야기에 집중하고 있음을 느낀다.

셋째, '복사'copy하라. 상대방의 말을 잘 듣고, 하는 행동을 따라하는 거다. 고객과 밥을 먹으면서 대화를 할 때 내가 주로 사용하는 기법이다. 고객이 물을 마시면 나도 자연스럽게 물을 따라 마신다. 너무 티 나지 않게 고객의 행동을 복사하여 따라하는 것 만으로도 고객의 마음을 얻을 수 있다.

위 세 가지 경청 기술은 영업하면서 내가 많이 활용하는 방법이다. 처음에는 어색하고 어려울 수 있다. 하지만 무슨 일이든지 처음 할 때보다 여러 번 반복했을 때 더 좋은 성과를 낼수 있다. 고객의 마음을 열 수 있는 위 세 가지 경청 기술을 통해 고객을 설득하는 나만의 방법을 찾은 것이다.

고객을 설득하고 싶다면 내가 말하는 것 보다 고객이 말을 많이 하게 해야 한다. 나 역시 마찬가지다. 강연을 할 때면 무대에서 청중들의 눈빛, 몸짓, 행동 등 모든 것이 한 눈에 다 보인다. 자세를 똑바로 세우고, 눈빛이 초롱초롱 빛나는 청중에게 나도 모르게 눈길이 가고 그런 청중을 더 오래 기억하게 된다.

고개를 끄덕이며 나에게 집중하고 있는 청중을 볼 때면 나는 속으로 '내 이야기에 관심을 보이고 있는 청중' '내 이야기에 집중하고 있는 청중'이라는 생각을 한다. 내 이야기에 관심을 보이고 공감하는 사람에게 마음이 끌리는 것은 누구나 마찬가지일 것이다.

고객을 설득하고 싶은가? 설득의 시작은 경청이다. 경청이라는 단어의 '경'자 역시 '기울일 경'傾이다. 내 몸의 방향이 고객 쪽을 향하고 있어야 한다. 고객의 말에 감탄사를 사용하며 상대방의 말을 잘 듣고, 고객의 행동을 따라하는 연습을 통해 설득하자. 몸을 상대방에게 기울이고 듣는 것이 제대로 된 경청의 자세다. 경청은 가장 강력한 설득의 시작이다.

Point

– 경청을 위한 3가지 기술

; 몸을 반쯤 기울여라. 감탄사를 사용하라. 복사하라.

4 경청에 답이 있다

고객이 원하는 것을 발견하기 위해 반복해서 연습해야 하는 훈련 중 가장 좋은 방법은 적절한 질문을 하고 그 대답을 경청하는 것이다. 말하려 하지 말고 주로 들어야 한다. 당신이 고객의 상황이나 이야기를 경청하면 할수록 고객에 대한 감정이입의 수준은 높아질 것이다. 결국 우리의 목표 달성도 이뤄질 것이다.

고객이 이야기를 시작하면 그 내용을 집중해서 끝까지 들어야 한다. 고객이 무엇을 말하려 하는지 알고 있다고 생각하지 말라. 흔히 고객은 제품에 대한 불만으로 이야기를 시작한다. 그러나 끝에 가서는 자기만의 생각이나 의견으로 문제점을 제기하는 경우가 대부분이다. 우리가 경청하는 기술을 배우고 익혀야 하는 이유다.

사실 우리가 목표 달성을 위해 해야 할 일은 고객이 현재 관심을 쏟는 부분을 정확히 파악하는 것이다. 그것을 해소하기 위해 최선을 다해야 한다. 또한 담당하고 있는 제품과 연관된 모든 정보를 최대한 파악해야 한다. 경쟁사 동향과 고객이 경쟁사 제품을 사용하는 정확한 이유는 분명히 있다.

경쟁사 제품을 주로 사용하는 고객을 만날 때면 자신감이 떨어진다. 그 고객은 분명 우리에게 불친절하다. 그들의 생각과 의견을 다 말해주지 않는다. 우리가 알아서 그들의 생각이나 의견을 정확히 파악해야만 한다. 그들이 이야기를 시작할 때 눈과 귀를 포함한 온 몸으로 고객을 향해 집중하고, 경청해야 한다. 그래야만 내면에 숨어 있는 고객의 생각과 의견을 파악할 수 있기 때문이다.

2017년 3월 겨울이 지나고 봄이 오는 어느 날이었다. 외국계 제약회사 영업부 내 백신사업부에서 근무할 때 일이다. 내가 담당한 제품은 대상포진을 예방할 수 있는 백신이었다. 질환 예방을 위해서는 내가 담당하는 백신 접종을 해야 했다. 전

세계적으로 단 한 가지 제품만 시중에 나와 있었다. 그 제품이 우리 회사에서 출시되는 제품이었다.

이를 특허제품이라고 한다. 2018년 1월 경쟁사에서도 같은 질환을 예방할 수 있는 백신이 출시되었다. 나는 고객들이 경쟁사 제품이 출시되면 접종할 의향이 있는지 너무 궁금했다. 나는 이미 고객들과 출시예정인 경쟁제품에 대해 이야기한 적 있었다. 고객들은 이렇게 말했다. "일단 가격부터 말씀해 주세요. 가격 차이가 얼마나 나죠?"

사실 고객들의 예전 반응은 우리 제품만 사용할 거라고 했었다. 시장 초기 제품이고, 전 세계적으로 오랜 기간 접종한 제품이기 때문에 신 제품이 출시된다고 해도 우리 제품을 접종할 거라는 고객들의 마음이 변하기 시작한 거다. 간단한 질문으로 고객들의 반응을 본 것이다.

난 그들의 이야기를 시작부터 끝까지 놓치지 않기 위해 메모하고, 경청했다. 경청에 답이 있기 때문이었다. 결국 일부 고객들은 접종가격 차이로 인해 두 제품 모두 구비해 놓고 환자가 찾는 쪽으로 제품을 사용할 거라는 고객들의 생각을 읽어낼 수 있었다. 고객의 숨겨진 진짜 이유를 발견하기 위해 경청해야 한다.

경청기법들을 배우고 연습하면 누구나 영업고수가 될 수 있다. 영업고수들을 인터뷰한 적이 있다. 그들이 밝히는 영업고수가 되는 공통적인 비법이 있다. 한번 들어보자!

"일단 고객이 가장 원하는 것이 무엇인지 파악하는 게 가장 중요합니다. 물론 그에 대해서 고객은 친절하게 알려주지 않죠. 하지만 영업사원 스스로 그들의 말은 물론 눈빛, 몸짓 등의 모든 비언어적 요소까지도 충분히 관찰하면서 알아낼 수밖에 없습니다. 경청에 답이 있기 때문입니다!"

그들의 말처럼, 영업사원은 고객이 말하는 언어·비언어적 모든 요소들을 종합적으로 잘 들어야 한다. 고객의 말이나 소소한 행동, 몸짓, 눈빛 등을 다각도로 관찰할 줄 알아야 한다. 고객이 은근히 보내는 사소한 말, 행동까지 모두 파악하기 위해서 정신 집중하여 고객의 말을 경청해야 한다.

▌ 7가지 경청 태도

"어느 누구라도 어디선가 듣는 법을 배운 사람이 있을까? 잘 듣는 능력은 타고난 재능이라서 훈련이 필요 없다는 일반적인 추측은 정말 놀랍다. 사람들이 잘 들을 수 있게 도와주는 교육과정이 어디에도 없다는 사실은 얼마나 이상한 일인가."
미국 철학자 모티머 애들러의 말이다.

나는 대학원에서 리더십과 코칭을 배웠다. 코칭의 핵심은
질문과 경청이다. 수업시간에 매번 경청실습을 통해 잘 듣는
법과 경청훈련을 했다. 경청의 능력을 높이기 위해서는 판단
을 해서는 안 된다. 고객이 말할 때 온전히 그의 말에 공감하
는 것이 중요한 포인트다.

경청은 항상 고객에게 집중할 수 있는 능력을 말한다. 고객
이 말하는 것과 말하지 않는 것에 집중하고, 고객의 생각과 의
견을 받아 들여 그 말의 의미를 이해하고, 고객이 계속 말할
수 있도록 도와주는 능력이다.

영업고수의 경청 태도에 대해 알려주겠다.

첫째, 자신의 생각이 아닌 고객의 말과 행동에 집중한다.

둘째, 고객의 관심사, 목표, 생각, 의견에 대한 믿음에 귀를 기
  울인다.

셋째, 사용하는 단어, 어조, 몸짓을 잘 헤아려서 듣는다.

넷째, 고객이 했던 말을 분명하게 이해하기 위해 요약하고, 내
  용을 재정리하고, 되풀이해서 말하는 등 적극적인 방법
  으로 확인한다.

다섯째, 고객의 생각과 의견을 종합적으로 정리하고 그것을 발판으로 삼아 영업한다.

여섯째, 고객이 말하고자 하는 뜻의 핵심을 이해하고, 적극적으로 공감한다.

일곱째, 다음 단계로 가기 위해, 판단하거나 집착하지 않고 고객이 상황에서 벗어나거나 상황을 정리하게 한다.

위 일곱 가지 태도의 습관을 만든다면 누구에게나 경청하는 자세로 상대의 마음을 얻을 수 있을 것이다. 경쟁품이 출시되었을 때 나는 고객의 말을 경청할 수 있었기 때문에 고객들의 생각이나 의견을 쉽게 파악할 수 있었다. 이러한 내용을 바탕으로 영업계획을 짜고, 마케팅부서와의 협력을 쉽게 할 수 있었다.

만약 고객이 말하는 내용을 경청하지 못하고, 판단하고, 고객의 말을 끊고 당신이 말을 하게 된다면 고객은 즉각 당신에게 경계심을 표할 것이다. 영업 실패 확률이 높아진다는 의미다. 고객과의 관계를 계속 이어나가고 싶다면 고객의 말을 잘 들어야 한다. 경청은 그만큼이나 중요하다.

당신의 영업이 성공할 수도 실패할 수도 있는 거다. 우리는 지금 고객의 말을 충분히 듣고 또 고객을 이해하기 위해 얼마나 공감하고 있는지 확인해볼 필요가 있다. 경청하기 위해 노력하고 훈련하고 있는지 뒤돌아보는 시간이 필요한 시점이다. 지금부터라도 나와 만나는 모든 상대의 말에 경청하는 태도를 가져 보자. 영업고수들은 경청에 답이 있다는 사실을 알고, 그렇게 행동하는 사람들이다.

Point

– 경청하지 못하면 고객은 당신을 경계한다.

5 고객의 눈을 보며
온몸으로 경청하라

우리의 고객은 하루에도 수많은 영업사원들과 마주하게 된다. 또한 스마트폰 문자 메시지니 전화도 시도 때도 없이 받는다. 하지만 정작 그들 중 고객에게 인상 깊게 기억되는 영업사원들은 거의 없다고 한다. 대부분의 영업사원들이 자신의 제품을 설명하기에 바빴지, 다른 영업사원들과 차별화되는 자기만의 영업 무기를 전하지 못했기 때문이다.

주변을 둘러 봐도 대부분의 영업사원은 자신의 한계를 넘어서지 못한다. 고객들을 만날 때, 내가 반드시 지키는 나만의 영업비법이 있다. 신규 고객이든 기존 고객이든 자리에 앉자마자 딱딱한 제품 이야기를 잘 꺼내지 않는다는 것이다. 경험상 만나자마자 제품 이야기를 하면 대부분 긴장과 경계심을 늦추지 않게 되고 분위기도 딱딱해진다.

나는 늘 고객의 관심사나 현재 상황에 대해 간단히 질문을 한다. 그들의 이야기를 처음부터 끝까지 먼저 경청함으로써 분위기를 살핀다. 그리고 적절한 타이밍을 확인하여, 본격적인 제품 이야기를 시작한다. 그럴 경우 고객은 내 이야기를 더 잘 들어주며 감성적인 분위기에서 대화를 이어나갈 수 있다. 영업팀장과 동료로부터 자주 듣는 말이 있다.

"태호는 장점이 많아서 부러워. 특히 상대의 말을 너무 잘 들어주는 건 큰 장점이야."

나는 듣는 척이 아니라 상대의 말을 온몸으로 경청한다. '온몸으로 경청한다'는 의미는 뭘까? 어떤 의미인지 느낌이 올 것이다. 맞다. 바로 그 느낌이 온몸으로 경청하는 거다. 그럼 어떻게 하면 상대의 말을 온몸으로 경청할 수 있다는 인상을 줄 수 있을까? 내가 사용하는 방법이다.

나는 먼저 상대의 눈을 본다. 그리고 표정으로 표현한다. 웃기도 하고, 찡그리기도 한다. 공감하는 내용이 있으면 고개를 끄덕이고 안타까운 내용이면 미간을 찌푸리기도 한다. 때로는 생각하는 표정을 보인다. 물론 감탄사를 같이 사용한다.

"와우!" "아하~" "네" "이야~"

"정말이요?" "어떻게 그렇게…" "대단하세요"

이런 반응을 표현하면 상대는 속으로 생각하게 된다.

'아, 내 이야기를 잘 듣고 있구나.'

고객은 더 신나서 말하게 된다.

영업사원이 고객을 만나 너무 자신이 담당하는 제품 이야기만 한다면, 고객의 마음은 저 멀리 달아날 것이다. 아무리 옳다는 주장을 펼치고, 말해도 고객이 구매하지 않으면 아무 소용없다. 당신은 목표달성을 위해 고객을 만난다. 고객이 당신의 세품을 구매해야 당신의 실적이 올라가기 때문이다.

고객의 눈을 보며 온몸으로 경청하는 것이 이렇게 중요한 이유다. 영업사원 스스로 소통 능력과 경청 능력을 키우기 위해 자신만의 영업 무기를 계발해야 한다. 또 고객을 위해 스스로가 자기 분야에 대해 끊임없이 공부하고 학습해야 한다. 그래야 당신도 많은 영업사원들 중 한 명이 아니라 고객의 가슴에 기억되는 영업고수로 대접받을 수 있게 된다.

자신감과 자부심을 높이는 것은 전적으로 당신 자신에게 달려있다.

█ 당신만의 영업무기는

2014년 12월 추운 겨울 날 이벤트MC 1급 자격증을 취득했다. 영업을 잘하기 위해 선택한 과정이었다.

무대 위에서 2시간 정도 청중들과 소통하기 위해 가장 중요한 능력은 말하기가 아니라 얼마나 그들의 이야기에 귀를 기울일 수 있는 경청이었다. 잘 들어야 잘 말할 수 있다는 부분을 이벤트MC를 통해 경험하게 되었다.

하루에도 수많은 영업사원들과 마주하게 되는 고객에게 기억되기 위해서는 바로 당신만의 영업무기가 있어야 한다. 그것을 끊임없이 갈고 닦아야 한다.

나는 레크리에이션 수업, 이벤트MC 자격 취득이 나만의 영업 무기다. 청중들과 소통하며 직접 경험한 경청 능력은 영업현장에서 고객을 대할 때 그들의 이야기에 눈을 보며 온몸으로 경청할 수 있는 이유가 된다.

당신만의 영업 무기는 매우 중요하다. 당신이 만나는 고객은 제품에서의 만족도 기대하지만 다른 영업 사원들과 차별되는 당신만의 경청능력과 서비스도 기대하고 있다는 사실을 명심해야 한다.

영업무기는 영업사원의 강점이자 영업고수로 나갈 수 있는 든든한 발판이 된다. 그것을 계발하기 위해 노력하라.

자신에게 투자를 전혀 하지 않는 영업사원일 경우, 시간이 없다는 핑계로, 바쁘다는 이유로 자신만의 무기를 계발하는데 소홀히 한다. 그리고 다른 영업사원들과 비슷한 생각으로 말하고, 행동한다.

스스로 수많은 영업사원들 중 한 명으로 남는다. 앞으로는 더욱 자기를 계발하지 못하거나 자신만의 무기를 갖추지 못하면 스스로의 자신감과 자부심을 높일 수 있는 영업기회를 놓치게 된다.

시간이 없다는 핑계와 늘 바쁘다는 이유를 멈추고 당신만의 영업무기를 계발해야 한다. 영업고수들은 그렇게 스스로 주도적으로 자신만의 무기를 계발한 사람들이다.

경청도 방법이 있고 기술이 있다. 반복적인 훈련과 배움을 통하여 내 것으로 만들어야 한다. 지금 당장은 모르겠지만 시간이 흐를수록 결과 차이는 엄청나다.

고객의 눈을 보며 온몸으로 경청하는 것은 어려울 수 있다. 하지만 영업사원이 고객에 대한 접근방법을 달리하면 고객도 당신을 특별한 사람으로 보게 될 것이다.

영업사원 스스로 경청능력을 높이기 위해서 다른 영업사원과 차별화되는 자신만의 영업 무기를 계발해야 한다. 또 그를 위해 스스로 끊임없이 노력하고 배워야 한다. 그렇게 준비가 되어 있는 영업고수들과 초보영업사원의 결과는 다를 수밖에 없다.

고객은 본능적으로 자기 이야기를 잘 들어주는 영업사원을 좋아한다. 고객의 경계심을 허물고 감성을 자극해, 당신의 이야기를 고객에게 들려주는데 최고의 수단이 바로 '경청'이다.

고객을 만나 소통이 힘들다면 레크리에이션 수업을 들어라. 자신만의 무기를 계발하고 자기만의 영업 비법으로 삼아보자. 그것이 당신이 다른 영업사원과 차별화해 고객의 눈을 보며 온 몸으로 경청할 수 있는 든든한 발판이 되어줄 것이다.

고객을 만날 때마다 내가 빼놓지 않고 물어보는 이야기가 있다. 단순히 제품 효과에 대해 말하는 것이 아니라 가장 기억에 남는 영업사원은 누구인지 등에 대한 질문을 한다.

고객은 춤을 추며 신나서 당신에게 말할 것이다. 당신의 영업에도 당신만의 영업 무기를 계발해 고객에게 적극 활용해보자. 고객이 이야기할 때 그들의 눈을 보며 온몸으로 경청하는 당신, 영업고수로의 입지를 굳힐 수 있을 것이다. 당신 앞에 있는 고객은 그런 당신에게 높은 호기심과 신뢰를 보내줄 것이다.

오늘도 나는 고객의 눈을 보며 온몸으로 경청하는 태도를 활용해 고객을 만난다.

Point

– 고객의 경계심을 허물고 감성을 자극할 '무기'를 개발하라

6 고객의 말을 진심으로 수용하라

"상담자가 내담자가 하는 말을 경청하고 기술적으로 반영하여 내담자가 자기가 한 말의 의미를 분명하고 강하게 경험하도록 도와주는 것이다. 기술적 반영의 핵심은 '수용'이다. 수용이란 판단, 비판, 비난하지 않고 상대방의 느낌이나 관점을 이해하고자 애쓰는 것으로, 동의나 인정과는 다른 의미다. 어떤 사람의 관점에 동의하거나 지지하지 않는 경우에도 그 관점을 수용하고 이해할 수는 있다."

미국 심리학자 칼 로저스의 말이다.

영업고수들은 고객의 말을 진심으로 수용할 줄 아는 사람들이다. 그들은 솔직하고, 유연하고, 자신감 넘치는 태도로 고객과의 관계를 유지하고, 이를 원만하게 만들어낼 수 있는 능력을 가진 사람들이다. 또한 고객과의 대화에서 매순간 집중력과 유연성으로 이야기를 경청하는 자세를 지니고 있다.

초보 영업사원은 고객과 대화할 때 아무래도 자신의 제품을 설명하는데 신경 쓰게 된다. 즉 '말하기'에 더 집중한다.

"말을 잘해야 해!" "내가 어떤 말로 고객을 리드하지?" "말 잘하는 법을 배워야 해!"라는 말을 주로 사용한다. 하지만 영업고수들은 고객의 마음을 얻고, 신뢰를 쌓는 방법은 고객의 말을 잘 듣고 그대로 수용하는 사람이라고 말한다.

직장에서든 영업현장에서든 상대방이 하는 말을 잘 듣고 수용하는 사람은 매력적인 법이다. 사실 '듣는 것'과 '수용하는 것'은 차이가 있다. 당신이 고객과 이야기할 때 '듣기'가 아니라 '수용하기'를 해야 한다.

국어사전을 찾아보면 '수용하기'의 뜻은 '어떠한 것을 받아들이다' '새로운 사상을 수용하다'라고 나온다. 귀로 듣는 것뿐만 아니라 눈과 얼굴 표정까지 동원해서 고객이 말하는 이야기 · 정보 · 생각 · 의견을 받아들인다는 의미가 담겨 있다. 즉 오감을 활용하여 고객을 관찰하면서 상대가 하는 말에 귀 기울여야 한다. 공감하는 자세로 고객의 이야기에 귀 기울이면 대화가 물 흐르듯이 자연스러워 진다. 그러면 고객은 당신을 이해하게 되고 친밀감을 표시할 것이다. 그렇다면 대화할 때 우리는 무엇을 수용해야 할까? 바로 고객이 말하는 이야기의 시작부터 끝까지 진심으로 경청하면 고객은 진심을 담아 이야기할 수 있게 된다. 당신은 고객의 말을 수용했을 뿐인데 그들은 당신에게 매력을 느끼게 된다.

▎ 듣기와 수용하기

간혹 수용하기를 못하는 사람을 만날 때면 답답한 마음이 든다. 한편으로는 배운 적이 없어서 그러려니 하다가도 그런 사람들은 대화를 단절시키는 힘이 있다. 상대방의 이야기를 수용 못하는 사람의 세 가지 특징은 다음과 같다.

첫째, 상대방이 이야기하는 도중에 끼어든다. 답은 고객에게 있다. 수용해야 하는 이유다. 하지만 수용하지 못하는 사람은 고객의 이야기를 끝까지 듣지 않고 중간에 끼어들거나 자기 이야기를 하느라 고객의 시간을 뺏는다. 이런 일이 반복되면 고객은 당신을 더 이상 만나지 않을 것이다.

둘째, 자기 이야기만 한다. 고객의 이야기를 듣지 않고 자신의 이야기만 일방적으로 하는 경우다. 실제로 이런 영업사원들 많이 있다. 고객은 들을 준비가 전혀 되어 있지 않는데 영업사원은 준비한 이야기만 일방적으로 쏟아 내는 경우다.

셋째, 반응이 없다. 고객이 이야기를 하는데도 그것을 어떻게 생각하는지 아무런 반응이 없는 사람은 센스가 없거나 멍청한 영업사원이다. 말하는 고객은 '이 영업사원은 나한테 관심이 없구나' 라고 생각하며 고객도 그런 당신에게 관심을 끊을 것이다.

고객과의 소통은 영업의 기본이다. 영어인 'Communication' 의 의미는 '서로를 연결하다'이다. 고객과 당신을 연결해주는 행위다. 즉 말하는 사람과 듣는 사람을 연결하는 것이다. 나의 강점 중 하나는 '소통을 잘한다'이다. 누구보다 상대방의 이야기를 잘 들어준다는 데 있다. 회사 동료들과 친구들은 나에게 자주 이런 말을 한다.

"태호는 대중들과 같이 있을 때는 조용한 모습의 내성적인 성격인데, 무대 위에서 대중들 앞에만 서면 활발한 외향적인 성격의 소유자!"라고 말한다. 그만큼 나는 대중들과 함께 있을 때 필요한 말이 아니면 아무 말이나 하지 않는다. 주로 사람들이 하는 이야기를 잘 듣는 편이다.

여기서 중요한 포인트는 일방적으로 자신의 이야기만하면 소통은 이루어지지 않는다.

상대방의 이야기를 귀 기울여 듣고, 수용하는 사람이 있어야 한다. 상대방을 존중하며 소중히 여기는 사람은 소통을 잘하는 사람이라는 느낌을 준다.

고객에게 신뢰받고 싶다면 우선 고객의 말을 수용하는 힘을 기르자.

영업고수들은 고객의 말을 진심으로 수용하는 사람들이다. 그들은 다음과 같은 특징을 가지고 있다.

첫째, 고객의 이야기를 끝까지 듣고, 말한다. 중간에 말을 끊거나 끼어들지 않는다. 오감으로 반응하며 고객의 모든 것을 수용하려고 노력하는 사람들이다.

둘째, 말하기보다 듣기에 더 노력한다. 자기 이야기를 하기보다는 고객의 이야기에 귀 기울인다. 영업고수들은 고객이 무엇 때문에 어려운지, 어떤 문제를 해결해야 하는지 진심으로 그들의 이야기를 수용하여 해결책을 제안한다.

셋째, 고객의 이야기를 비판하거나 판단하지 않는다. 적극적 수용을 통해 고객에게 주의를 집중한다. 고객의 이야기 중간에 가정이나 판단을 피한다. 직접 연습해보면 알겠지만 판단하지 않고 듣는 자세가 매우 어렵다. 반복과 연습만이 살 길이다.

사람은 듣기보다 말하기에 더욱 관심을 보인다. 가끔 고등학교 동창 모임에 나간다. 오랜만에 만난 친구들은 반가움에 서로의 안부를 물으며 인사를 한다. 유독 말하기 좋아하는 한 친구가 있다. 그는 그동안 자기가 지내온 이야기를 마구 쏟아낸다. 물어보지도 않았는데 말이다. 실컷 이야기를 하고 난 후 내게 묻는다.

"너는 어떻게 지냈어?"

영업고수가 되기 위해서는 먼저 고객의 말을 들어야 한다. 그리고 고객의 말이 다 끝난 후 고객이 들을 준비가 되었을 때 이야기를 꺼낸다. 말하기보다 '듣기'에 집중하는 사람이다. 여기서 중요한 점은 단순히 듣는 것이 아니라 시작부터 끝까지

Point

–고객의 이야기를 끝까지 듣고, 말한다.
–말하기보다 듣기에 더 노력한다.
–고객의 이야기를 비판하거나 판단하지 않는다.

고객의 말을 진심을 다해 받아들이는 태도를 취한다는 것이다.

눈을 맞추고, 감탄사를 사용하여 고개를 끄덕이며, 고객이 말하는 모든 것을 온몸으로 수용한다. 당신이 고객의 말을 진심으로 수용하려는 태도가 고객의 마음을 움직인다.

수용은 실력과 능력을 넘어 고객과 당신을 연결해주는, 1등 영업고수들이 사용하는 소통 방법이다.

7 지금부터 경청하는 영업맨이 되라

시간이 지나면 더 호감이 가면서 매력적인 사람이 있는 반면, 상대하기 싫은 사람이 있다. 그 차이는 어디에서 오는 걸까? 고객의 입장에서 볼 때 그들의 이야기를 잘 들어주는 영업사원과 그렇지 않은 영업사원 중 어떤 쪽에 더 호감이 가고 매력을 느끼게 될까?

당신은 고객에게 호감이 가면서 매력적인 사람인가? 아니면 고객이 상대하기 싫은 사람인가? 당신을 매력적인 사람으로 보이게 만드는 일도, 당신을 상대하기 싫은 사람으로 만드는 일도 고객이 아닌 당신의 선택에 달려 있다.

대학교 때부터 지금까지 수많은 책들을 읽었고 또 읽고 있다. 영업, 마케팅, 코칭, 커뮤니케이션, 영업노하우와 관련한 책뿐만 아니라 부와 성공한 사람들의 이야기를 읽고 생각한다. 책에서 공통적으로 말하는 내용이 있다. "듣지 말고 경청하라." 무조건 듣지 말고 온 몸으로 경청하라는 말이었다.

온 몸으로 경청한다는 것을 '적극적 경청'이라고 한다. 고객이 말하는 것 이상의 생각, 의견, 감정, 욕구 등까지 보고 들으며, 고객을 판단하지 않고, 공감해 주는 고객 위주의 경청 방법이다. 판단을 내려놓고 이해하기 위해 경청한다. 말하는 흐름을 유지하기 위해 질문한다. 자신이 이해한 것을 확인하기 위해 들은 것을 말한다.

미국의 심리학자 앨버트 메라비언Albert Mehrabian은 자신의 연구 논문에 이렇게 밝혔다. "소통을 할 때 한 사람이 상대방으로부터 받는 이미지는 말의 내용은 7% 정도밖에 영향을 미치지 못하는 반면, 행동이나 표정, 음성이나 어조와 같은 비언어적인 요소는 93%의 영향력을 미친다."

말의 내용이 아니라 비언어적 행동을 아는 것이 본질적으로 중요한 이유다. 일주일에 2~3번 1:1컨설팅 요청이 들어온다. 컨설팅을 신청한 사람의 이야기를 들어주면서 그들의 눈을 마주보며, 몸을 앞으로 기울여 경청하는 자세를 보이면 그들은 더 신나서 이야기를 한다. 비언어적 행동에는 힘이 있다.

고객의 숨어 있는 내면을 파악하기 위해 고객과 대화할 때는 '듣기'가 아니라 '적극적 경청'을 해야 한다. 적극적 경청의 나만의 방법을 소개하겠다.

첫째, 고객에게 주의를 집중한다. 둘째, 성급한 가정이나 판단을 피한다. 셋째, 듣는 도중에 어떻게 반응할까를 생각하지 않는다. 넷째, 적절한 감탄사를 사용한다. 다섯째, '탑 대화법' 자세를 취한다.

영업고수가 되고 싶다면 경청의 힘을 길러야 한다. 경청하는 힘은 질문 능력이 결정한다. 질문은 크게 열린 질문과 닫힌 질문이 있다. 열린 질문이란 질문 받은 고객이 "네" "아니요"로 대답할 수 없는 질문을 말한다. 닫힌 질문은 "그 제품 사용해보셨어요?"와 같이 질문 받은 고객이 "네" "아니요"로 대답할 수 있는 질문을 가리킨다.

▌ 적극적인 경청

뭐든지 처음부터 잘하는 사람은 없다. 영업도 마찬가지다. 영업고수들은 영업과 마케팅에 대한 강의와 세미나에 참석하는데 드는 비용이 최소 100만원에서 최대 몇 천만 원을 투자하는 사람들이다. 비싼 수업료를 지불하고 강의를 들은 사람들이 영업과 마케팅의 세계에서 성공해나가고 있다. 결국 자신에게 많이 투자한 사람이 더 잘 나가는 법이다. 결국 사람은 배운 만큼 성장하고, 성공한다.

영업을 잘하고 싶다면 지금부터 경청하는 영업맨이 되어야 한다. 경청하는 훈련을 통해 배우면 된다. 내가 처음에 경청하는 법을 배우기 위해 고가의 수강료였지만 조금도 망설이지 않고 즉시 결재를 해서 배운 이유는 간단했다. 전문가에게 배우면 그만큼 시간을 벌게 된다. 내가 혼자서 경청훈련법을 배운다면 몇 년은 족히 걸렸을 것이다.

그 시간은 돈으로 환산할 수 없는 가치가 있고 나는 벌어들인 시간만큼 영업을 통해 훨씬 더 많은 수익을 창출할 수 있었다. 강의를 들으며 나를 더 성장시킬 수 있었으며 수강료를 지불한 게 아니라 더 많은 수익을 낼 수 있었다. 또한 나는 영업과 마케팅에 관한 수많은 책을 읽는 동안 나만의 영업 비법에 대해 정리할 수 있었다.

처음에는 나의 공부 방식대로 서점에서 영업, 마케팅에 관련한 책을 모조리 구입해 읽기 시작했다. 그리고 작가들의 강연, 세미나에 참석하여 더 많은 공부를 했다. 지금은 영업을 막 시작하려는 취업준비생, 영업직장인 대상으로 '영업고수 만들기 특별과정'에 대해 강의를 하며 그들을 코칭 하고 있다.

적극적 경청은 고객으로부터 들어야 될 모든 것을 다 듣는 경청훈련법이다. 360도 각도에서 모든 것을 듣는 것을 말한다. 보는 것, 듣는 것, 느껴지는 것, 촉각적 지각 등 고객과의 상호작용에 관한 모든 것을 포함하는 경청과정이다. 에너지 감정 등을 모두 포함하여 영업맨과 고객 사이에 존재하는 공간 속의 말 이상의 것을 듣는 것이다.

당신은 영업에 있어 경청하는 태도가 얼마나 중요한지 깨달았을 것이다. 하지만 누군가는 '맞아, 경청도 배워야 해. 지금 당장 시작해야지'라고 하며 나를 찾아오는 사람이 있다. 반면 또 다른 누군가는 '에이, 뭘 배워! 나중에 하지 뭐'라고 미루는 사람이 있다.

이런 사람은 나중에라도 배울 확률이 거의 없다고 보면 된다. 자신에게 투자를 하지 못하는 영업사원이 어떻게 고객을 만족시키고, 그들의 이야기를 잘 들어줄 수 있을까? 마음이 움직인다면 망설이지 말고, 지금 당장 시작해야 한다.

웃기는 이야기라고 할 수도 있겠지만 이건 매우 중요한 문제다. 결국 자신의 가치를 스스로 높이는 것이다. 누구도 내 가치를 만들어주지 않는다. 영업고수들은 항상 스스로의 가치를 최대한 높게 만드는 사람들이다. 자신의 특별한 무기를 개발해 고객에게 어필하는 사람이다.

누구에게나 기회는 열려 있지만 아무나 영업고수가 될 수 없는 이유다. 영업사원들은 어디에서나 볼 수 있는 보통의 영업맨이 아닌 자신만의 특별한 가치를 지닌 영업고수가 되어야 한다. 지금부터라도 영업을 제대로 배워 1등 영업고수가 되길 바란다.

'예스'를 이끌어내는
영업비법

"설득을 잘하려면 이익과 공포를 같이 줘야 한다."

_톨스토이

1 영업의 정석이
결국 이긴다

많은 사람들이 직업의 마지막 단계로 영업을 선택한다. 하지만 나는 첫 직업으로 영업을 선택했다. '기업 현장에서 몸으로 부딪히며 경험을 만들고 싶다' '진짜 나를 발견하고 싶다'는 마음으로 영업에 뛰어들었다. 그리고 영업을 선택한 이상 나만의 특별한 비법이 필요했다.

이때 주변에서 나에게 뭔가를 팔기 위해 찾아오는 수많은 영업사원을 생각했다. '나는 어떤 영업사원의 말에 귀를 기울이나?' 답은 간단했다. 똑같은 상품이라도 독특한 방법으로 자신을 홍보하는 사람에게 더 신뢰가 가고 제품을 구매한다.

21세 때 처음으로 고구마 판매를 시작했다. 학교를 마치고 농수산물 시장에서 좋은 고구마를 직접 골라 박스로 사서 집에 돌아와 근처에서 고구마를 팔았다. 하나의 고구마를 팔기 위해 고구마의 효능에 대해 공부했다. 그리고 썩은 고구마는 골라내어 버렸다. 고구마 하나를 팔아도 진정을 다해 판매했다.

또한 학비를 마련하기 위해 레크리에이션 강사를 도와 기업, 기관에서 교육담당자를 설득하여 프로그램을 제안하는 영업을 했다. 하나의 프로그램을 구성할 때 참가하는 청중들의 입장에 서서 진심을 다했다.

지방 전문대를 졸업한 내가 할 수 있는 것은 '취업' 밖에 없었다. 대학 생활 동안 더 좋은 직장을 구하기 위해 26개의 다양한 자격증을 땄다. 그러나 내가 원하는 특별한 삶은 취업으로 보장받을 수 없었다. 그때 어려운 환경이었지만 난 대학교 편입을 결심했다.

대학교에 다니면서 학비 마련을 위해 주말에는 레크리에이션 강사로 일했다. 기업, 학교 교육담당자에게 메일을 보내고, 직접 만나 프로그램을 제안하는 영업을 했다. 처음 프로그램 제안을 했을 때는 주위 사람들이 '과연 학생이 할 수 있을까?' 라는 의심의 눈초리로 나를 쳐다봤다. 그럴수록 더 단단해졌다. 학생으로 대학에서 레크리에이션 프로그램 진행을 할 때 그들의 마음을 더 잘 이해할 수 있다는 내용으로 담당자들을 설득했고, 나만의 장점을 적극적으로 활용했다.

▌ 장사 vs. 컨설팅

많은 사람들이 영업을 마지막 직업으로 선택한다. 왜냐하면 '영업은 특별하지 않은 직업'이라고 생각하기 때문이다. 나는 누군가에게 특별하지 않을 수 있는 이 일을 좀 더 특별하게 만들고 싶었다. 그래서 무엇이 나를 특별하게 만드는지 수없이 고민하며 밤을 새웠다. 남들보다 더 잘하기 위해서는 나만의 방식을 갖는 것이 우선이라고 생각했다. 그래서 나만의 '영업의 정석 선언문'을 아래와 같이 완성했다.

- 매 순간 최선을 다할 것
- 진심으로 고객의 말을 경청할 것
- 뚜렷한 목표설정을 할 것
- 자신감과 당당함으로 영업할 것
- 시간관리 철저히 할 것
- 나만의 영업 프로그램 만들기

- 영업 컨설턴트 되기
- 전국 세일즈 1위하기

이 외에도 수많은 리스트들을 적었다. 단순히 적는 것에서 끝나지 않고 기록한 것을 지속적으로 보고, 실천한 것이 지금의 나를 있게 만들었다. 지금 생각해보면 그때 적었던 '영업의 정석 선언문'이 나의 버킷리스트가 되었다.

남과 다른 특별한 영업을 하기 위해서는 고객들이 나를 특별한 사람으로 인정해 주어야 가능한 일이다. 똑같이 약을 판매하더라도 누군가는 약장수로 기억되지만 누군가는 '컨설턴트' 혹은 '영업고수'로 기억된다. 내가 영업을 하기 위해 선택한 특별한 방법은 거창하거나 대단한 것이 아니다.

바로 인간관계에서 꼭 필요한 것들을 하나씩 비즈니스에 적용시켰다. 나는 고객의 말을 시작부터 끝까지 경청했다. 고객의 마음을 얻기 위해 진심으로 공감하고, 그들의 이야기를 판단하지 않고, 수용했다. 경청은 가장 강력한 설득의 시작이라는 믿음으로 고객의 말을 온몸으로 경청했다.

영업에서 중요한 것은 고객을 단순히 제품을 사는 사람이라고 생각해서는 안 된다. 고객은 당신이 하는 영업을 더 가치 있고, 제대로 할 수 있도록 끊임없이 피드백을 제공해주는 사람이다. 고객이 하는 말을 잘 듣고, 수용해야 한다. 그래야 당신이 더 성장하고 발전하기 때문이다.

나는 고 3때 '대전엑스포 전속 댄스 팀'으로 활동했다. 학교 정규수업을 마치면 바로 연습실에서 시간을 쪼개 가며 연습에 몰두했다. 수능을 포기하면서까지 춤 연습을 했다. 친구들 수 능시험을 볼 때 우리 댄스 팀은 가수가 되기 위해 승합차를 빌려 서울에 올라갔다. 오디션 회사에 방문하기 위해서다.

수십 군데 방문하여 우리의 실력을 뽐냈다. 그럼에도 불구하고 도전에 실패했다. 하지만 나는 그때 만들어진 습관 때문에 성공적인 비즈니스를 할 수 있었다. 당시 우리는 지방에서 가장 잘나가는 댄스 팀이었다. 기업에서 주최하는 댄스 경연 대회에 나가 1등은 항상 우리 차지였다.

지방에서 일주일에 7군데 이상에서 초청 받으며 무대에 올랐다. 모든 스케줄을 관리하고, 관객을 만났다. 처음에는 서툴 렀지만 시간이 갈수록 효과적으로 관리할 수 있게 되었다.

지금도 나는 고객을 만나면서 시간관리, 자기관리를 통해 고객을 관리한다. 철저히 내가 만든 규칙을 지킨다. 이걸 하지 못하는 영업사원들을 만날 때면 안타까운 마음마저 든다. 그래서 나의 이야기도 팀원들과 공유했다. 이 모든 것이 전략이었다. 주변 사람들은 나의 표정, 말솜씨, 발표자세, 태도 등을 특별하게 보기 시작했다.

만약 같은 종류의 제품이라면 '좀 더 특별해 보이는 영업사원'에게 제품을 구매할 것이다. 고객은 그들이 더 믿음이 가고, 호감이 가기 때문이다. 영업을 하고 있는 당신만의 특별한 무기를 계발하고 발전시켜야 한다. 단순히 먹고 살기 위해 영업하지 마라. 오래 가지 못한다.

시간이 흐르면서 나이만 먹는다. 실력 있는 영업 사원이 아래에서 치고 올라온다. 그들을 탓하지 말고 '나는 무엇을 잘할 수 있을까?' '나의 특별한 무기는 무엇이 있는지' 생각해봐야 한다. 하루에도 수십 명의 영업사원을 만나는 고객의 기억

Point

-고객은 단순히 제품만 구매하지 않는다.

-고객은 당신의 영업에 가치를 부여한다.

-고객은 당신의 영업성공을 위해 피드백을 준다.

속에 꽂히는 영업사원이 되는 길은 당신만의 영업무기를 가지고 있어야 한다.

자신만의 무기가 없으면 성장할 수 없다. 시간만 흐른다. 특히 영업을 하는 당신은 자신을 남들과 차별화시키지 않으면 경쟁에서 이길 수 없다. 다른 영업 사원보다 더 다르게, 특별해야 영업에서 결국 이길 수 있음을 기억하자.

2 설명하지 말고 질문하라

우리는 영업 목표달성 그리고 성과를 만들어내기 위해 고객을 만나 무엇을 말하거나 설명하려고 한다. 하지만 원하는 것을 설명해봐야 소용없는 일이다. 효과적인 질문을 해야 한다.

영업현장에서 비슷한 질문이 주의를 집중시키고 명확성을 높여준다. "현재 당신은 이 제품으로부터 어떤 도움을 받고 있나요?" "이 제품을 사용하시면서 어려운 문제는 무엇인가요?" "이 가격이 고객들에게 어떤 영향을 미칠까요?" 이러한 것들이 구체적인 대답을 요구하는 질문이다.

고객의 생각, 의견을 구하기 위해서는 설명이 아니라 질문으로 파악할 수 있다는 사실을 분명하게 기억하자. 질문은 보통 고객으로부터 정보를 얻어내기 위해 한다. 당신의 목표달성을 위해 고객에게 당신의 제품을 설명하는 것은 초보영업사원이 하는 일이다. 영업고수들은 고객에게 '예스'를 이끌어내기 위해 질문을 한다.

답은 고객의 니즈에 있어서 경청의 중요성에 대해 말했다. 초보영업사원은 영업을 하려면 말을 잘해야 한다고 착각한다. 고객의 말을 들어주는 것이 중요하다. 영업고수들은 고객의 말을 잘 들어주는 사람이다. 말을 잘 들어주려면 우선 고객이 말을 해야 한다. 이때 고객이 말하도록 만드는 방법이 설명이 아닌 질문이다. 질문을 잘해야 고객이 답을 잘 할 수 있다.

목표달성을 하고, 성과를 내는 영업고수들은 초보영업사원과 거래처 문을 열고 들어가 고객과 처음으로 대면하는 순간부터 다르다. 호감이 가는 이미지일 수도 있고 회사 브랜드 파워 일 수도 있다. 또한 담당하는 제품력 차이일 수도 있다. 그런데 영업고수들의 영업 행위를 분석한 결과 무엇보다 중요한 것은 질문이었다.

고객에게 적당한 타이밍에 적절한 질문을 하느냐, 하지 않느냐에 따라 그들의 성과는 달라진다. 고객의 구매과정을 보면 고객은 일단 제품이 필요해야 구매할 생각을 한다. 수많은 종류 중에 어떤 물건으로 선택할지 고민하게 된다. 당신은 이 과정을 함께 하면서 고객이 올바른 결정을 하도록 도와줘야 한다. 이때 사용하는 방법이 중요한데 그 중 하나가 질문이다. 질문으로 고객의 생각, 의견, 감정을 파악해야 한다. 고객이 스스로 구매를 결정하도록 도와주라는 것이다.

고객은 영업사원의 일방적인 제품 설명을 듣고 싶지 않아 한다. 오히려 귀찮게 생각한다. 억지로 결정하는 것보다 고객 스스로 사게 하는 것이 올바른 방법이다.

▍ 질문의 힘

나는 막내였음에도 불구하고 미팅 자리에서 항상 내 의견을 강하게 주장했다. 그러다 보니 처음에는 건방지다고 욕하는 선배도 있었지만 누구보다 열정적으로 일하는 나였기에 그런 나를 인정해 주었다.

내 밑으로 신입 직원이 들어왔을 때 이야기다. 팀장은 나에게 신입 직원 멘토링을 부탁했다. 1년 동안 멘토링을 하면서 나 역시 많은 것을 배울 수 있었다. 첫 후임이었기 때문에 각별히 신경을 써줘서 그런지 금방 친해질 수 있었다. 인성이 너무 착하고 누구보다 열심히 일했다.

신입 직원은 아침부터 저녁까지 쉬지 않고 일만 하는 일벌 레였다. 하지만 일하는 거에 비해 결과는 만족할 만한 수준이 아니었다. 그러던 어느 날 나에게 상담을 요청했다.

신입: 선배, 지금 열심히 일하고 있는데 고객 반응이 별로 안 좋은 것 같아서 걱정이에요.

나: 그런 생각을 하게 된 계기가 있어?

신입: 고객을 만나면 담당하고 있는 제품에 대해 열정적으로 설명을 하는데 고객들의 반응이 없어요. 왜 그럴까요?

나: 나를 고객이라고 생각하고 롤 플레이 한 번 해보자.

신입: 네, 좋아요.

저희 제품의 가장 큰 장점은 …입니다. 또 다른 점으로 는 …있습니다.

나: 응, 잘 들었어. 해보니 지금 기분이 어때?

신입: 모르겠어요. 그냥 저는 제품에 대해 잘 설명해서 후련 해요.

나: 그렇다면 그 고객은 기분이 어땠을까?

신입: 고객도 제품 설명을 들어서 제품에 대한 지식이 생겼을 것 같아요.

나: 응, 그럼 너의 설명을 듣고 혹시 고객이 질문이 있었
     니?

신입: 질문이요? 아니요.

나: 그러면 너는 고객의 현재 상황이나 고객이 무엇을 원
     하는지 알고 있니?

신입: 아니요. 잘 모르겠어요.

신입 직원은 고객에게 열심히 설명했다. 그런데 고객들의
반응이 없다고 걱정하며 나에게 상담요청을 했다. 뭐가 문제
였을까? 나는 신입 직원에게 이렇게 말해줬다.

"영업은 한 번의 만남으로 결과가 나오는 것이 아니기 때문
에 조급해 할 필요가 없다. 특히 대형거래처의 경우 많은 시간
과 노력이 필요하다. 더욱더 고객과 신뢰를 쌓기 위한 노력이
중요한 이유다. 또한 고객에게 설명이 아닌 질문을 해야 한다.
하루에도 수십 명의 경쟁회사 직원들이 담당하는 제품의 장점
을 설명하고 간다. 고객들이 다 기억할 수 있을까? 가장 중요
한 건 고객이 무엇을 원하는지에 대한 니즈를 파악해야 한다.
그 고객의 마음 속 깊은 곳의 제대로 된 욕구를 알아내기 위해
서는 고객과의 신뢰가 중요하다. 신뢰를 쌓으려면 네가 말을
많이 하는 게 아니라 고객의 말을 들어야 한다. 그러기 위해서

설명이 아닌 질문을 해야 한다."

고객이 우리가 담당하는 제품의 강점을 스스로 말하게 해야 한다. 즉 제대로 된 디테일의 마무리는 자동으로 고객이 스스로 원하는 바를 말하게 하는 데 있다. 설명이 아닌 질문이 중요한 이유다.

고객과의 대화를 일방적으로 끌고 가려는 것이라면 모를까, 고객으로부터 유리한 대답을 얻어내려면 설명하는 방식은 아무런 도움이 되지 않는다. 특히 영업 현장에서 고객과의 비즈니스 상황이라면 더 말할 것도 없다. 따라서 고객의 입장에 서서 진짜로 알고 싶은 것이 무엇인지 최대한 빠르게 파악해서 해결해 주는 것이 중요한 포인트다.

고객의 속마음을 파악하기 위한 가장 좋은 방법은 질문이다. 당신은 늘 질문을 통해 고객과 소통해야 한다. 어떤 질문을 던지느냐에 따라 대답이 달라지며, 어떤 방식으로 질문하느냐에 따라 닫혀 있던 고객의 마음이 움직이기도 한다. 질문은 고객의 속마음을 파악할 수 있는 기술이다.

고객에게 '예스'를 이끌어내는 영업고수가 되고 싶다면 지금부터 설명하지 말고 질문해보길 바란다.

3 세 가지 포인트로
고객을 사로잡아라

처음 영업을 시작했을 때 영업·마케팅을 배워 본 적이 없었기 때문에 나로서는 도저히 어떻게 해야 할지 감이 잡히지 않았다. 관련된 책을 아무리 들여다보아도 머릿속에 들어오질 않았다. 결국 나는 영업·마케팅을 잘하기 위해 세 가지 방법을 선택했다.

첫째, 영업 현장에서 실제로 고객을 만나며 일어나는 모든 상황들을 배우자.

둘째, 주변에서 영업을 하고 있는 직장 선후배·동료들에게 배우자.

셋째, 책의 저자 혹은 영업·마케팅 전문가를 찾아가서 배우자.

나 역시 배움의 덕을 톡톡히 봤다. 실제 영업 현장에서 고객을 만나며 깨지고, 부딪힌 모든 상황들을 기록하고, 상황에 내 생각을 접목하여 나만의 영업비법을 만들 수 있었다. 실제 이런 영업비법이 활용 가능한지 동료들과 끊임없이 묻고, 답했다. 관련된 책을 섭렵하며 만나고 싶은 저자에게 연락을 했다. 시간과 비용을 투자하여 전문가를 직접 찾아가 배움을 통해 역시 나만의 영업비법을 만들었다.

책을 읽고, 강의를 다니며 더 많은 것을 배웠고, 경제적인 여유도 생겼다. 배움에 투자할수록 나의 자신감과 자존감은 높아갔고, 그만큼 행복지수도 더욱 커졌다.

지금 이 말을 하는 이유는 영업·마케팅을 잘하기 위해 나는 세 가지 방법으로 요약, 정리하여 말하고 있다. 어떤가? 귀에 쏙 박히지 않는가?

바로 이 세 가지가 포인트다. 우리 고객은 늘 바쁘다. 당신을 만날 시간적인 여유가 없는 사람들이다. 그럼에도 불구하고 우리는 늘 바쁜 고객의 마음을 사로잡아 고객에게 '예스'를 이끌어내야 하는 영업사원이다. 너무나 많은 설명들로 고객을 귀찮게 하지 말자. 세 가지면 충분하다.

대리 때 일이다. 영업 본부장은 나에게 고객의 마음을 사로잡는 비법에 대해 물어본 적이 있다. 그냥 나만의 비법이 궁금하셨던 모양이다. 나는 "지금 이 질문을 물어보시는 이유에 대해 여쭤 봐도 될까요?"라고 물어보았다. 본부장은 "영업 · 마케팅 전체 직원들에게 조직에 대한 비전을 설명하고 그들의 마음을 사로잡고 싶어서"라고 말씀하셨다.

나는 다시 물어보았다. "그러시다면 전달할 메시지는 모두 준비가 되셨나요?"

영업 본부장은 이미 메시지는 준비된 상태였다. 그렇다면 나는 본부장에게 세 가지로 전달하라고 말해줬다. 아무리 좋은 생각이나 의견이 있다고 하더라도 제한된 시간에 너무 많은 이야기를 전달하면 직원들은 다 기억 못 할 것이다.

그 시간에 전달하고자 하는 핵심 내용 세 가지면 충분하다고 말했다.

영업 · 마케팅 전체 직원이 한 자리에 모이는 날 본부장은 핵심 내용을 세 가지로 정리해서 너무 멋지게 발표했다. 우린 우레와 같은 박수를 보냈다. 이후에 나는 고객의 마음을 사로잡는 나만의 세 가지 비법을 발견했다. 바로 'ODS 기법'이다. ODS 기법이란 'Open' 'Detail' 'Sign'을 말한다.

❘ Open, Detail, Sign

'Open 단계'는 고객의 마음을 여는 단계다. 아무리 좋은 내용이 있어도 고객이 들을 준비가 되어 있지 않으면 아무 소용없다. 여기서 필요한 것이 고객에게 이익과 공포를 동시에 줘야 한다. 톨스토이는 "설득을 잘하려면 이익과 공포를 같이 줘야 한다"고 말했다.

예를 들어 "A고객님, 제가 지금부터 말씀드리는 내용을 들으시면 현재 고객님이 가지고 계신 문제가 해결됩니다. 만약 지금 놓치신다면 바로 옆에 위치한 B고객이 먼저 갖게 될 것입니다. 그러면 A고객님의 고객들이 B고객으로 이동하게 됩니다"라고 이익과 공포를 같이 주게 되면 A고객은 궁금해 할 것이다.

'Detail 단계'는 우리가 고객에게 팔고자 하는 제품의 강점을 세 가지로 요약해서 명료하게 전달하는 단계다. Open 단계에서 이익과 공포를 통하여 고객의 마음을 열었다. 이 상태에서 고객에게 우리가 할 말을 전달하게 되면 고객의 마음이 열려 있지 않은 상태에서 전달하는 것에 비해 2~3배 우리의 메시지가 전달 될 가능성이 높아진다.

'Sign 단계'다. 마지막 단계는 계약단계를 말한다. 고객의 마음을 열고, 우리의 제품 메시지를 잘 전달했다. 가장 중요한 계약단계에서 우리가 놓치지 말아야 할 것이 있다. 이 단계는 최종단계다. 고객에게 우리가 전달한 내용을 ①요약, 정리해서 말해줘야 한다. ②구체적으로 말해야 한다. ③내일이 아닌 지금 당장 계약의 중요성에 대해 말한다.

우리가 판매하는 제품과 서비스는 다양하다. 모든 정답은 당신에게 있다. 선택과 결정 또한 당신이 가지고 있다. 세 가지 포인트를 적극 활용한다면 당신이 원하는 목표 달성을 할 수 있을 것이다.

영업하는 사람 누구나 고객에게 '예스'를 이끌어내기 위해 노력한다. 하지만 우리가 원하는 데로 다 되지 않는다. 나도 영업이 힘들 때가 있었다. 괜히 일이 하기 싫고, 잘 풀리지 않을 때 흔히 슬럼프가 오게 된다. 이럴 때 늘 나의 머리와 가슴속에 외우는 나만의 주문이 있다.

Why? What? How? 가 그것이다.

Why? 왜 영업을 하는가?
What? 그렇다면 무엇을 할 것인가?

How? 무엇을 어떻게 할 것인가?

끊임없이 나와의 대화를 통해 힘을 얻는 거다. 일반적으로 이 세 가지의 답을 알고 있는 사람은 당장 영업이 힘들더라도 바로 일어날 수 있는 확률이 높다. 고난에 부닥쳐도 쉽게 포기하지 않는다. 또한 자신에 대한 믿음이 확실한 사람은 주변 사람들의 말에 쉽게 휘둘리지 않는다. 오히려 그들에게 믿음을 준다.

현재 고객으로부터 부정적인 피드백을 받거나 그 말 때문에 마음이 흔들리고 있다면 자신에 대한 위 세 가지 믿음이 어느 정도인지 점검해 볼 필요가 있다. 자신을 낮출 줄 알고, 자신에게 확신과 믿음이 있는 사람은 고객에게 '노'를 당연하게 여긴다. 이는 나에 대한 거절이 아니라는 의미이다.

물론 위 세 가지의 답을 모두 갖춰야만 영업에서 힘이 들 때 나를 일으켜 세울 수 있는 것은 아니다. 하지만 이 중 하나라도 해당되는 것이 없다면 다시 생각해 볼 필요가 있다. 고객에게 '예스'를 이끌어내는 것은 쉽지 않다. 하지만 영업이 없는 비즈니스는 존재하지 않기 때문에 충분히 해볼 만하다.

영업으로 성공한 사람은 어느 조직에 가더라도 자신만의 경쟁력으로 성공한다. 하지만 고객에게 'No'를 받는 것을 두려워하는 사람의 미래는 어두울 수밖에 없다. 영업을 시작했으면 중간 중간에 그 일이 자신에게 적합한지 진지하게 고민해 볼 필요가 있다. 좋은 에너지를 주변에서 찾지 말고 나에게서 찾아야 한다.

여기서 기억할 것은 딱 세 가지 포인트다. 나를 설득하는 일, 고객에게 '예스'를 이끌어내는 일. 모든 것은 세 가지 포인트로 고객의 마음을 사로잡아야 한다. 강조해서 말하지만 고객에게 너무 많은 내용을 전달하려고 애쓰지 말자. 다 기억하지 못할 뿐 아니라 고객의 마음을 사로잡지 못한다. 세 가지 포인트면 충분하다.

Point

- Why? 왜 영업을 하는가?
- What? 그렇다면 무엇을 할 것인가?
- How? 무엇을 어떻게 할 것인가?

4 어려운 것을 쉽고 재밌게 전달한다

"안녕하십니까! 오늘은 작년에 출시된 신제품의 새롭게 업데이트 된 정보를 소개해 드리려고 이 자리에 섰습니다."

"안녕하십니까! 오늘은 신제품의 업데이트된 정보를 소개합니다."

이 둘의 차이를 알겠는가? 고객들에게 발표할 때 뭔가 수식어가 많이 붙어야 더 믿음이 간다고 생각한다면 당신은 초보 영업사원이다. 영업고수들은 짧게 말한다. 그리고 쉽고 재밌게 말한다. 우리말에는 수식어가 많이 붙는다. 말을 못하는 사람의 특징은 말하면서 말을 만든다. 그러니 말이 길어질 수밖에 없다.

회사에서 함께 일하는 동료들의 발표를 들을 기회가 많다. 발표를 잘하는 사람과 그렇지 못한 사람의 차이는 분명하다. 그렇다면 그 차이는 어디에서 오는 걸까? 만약 당신이 말을 잘하지 못한다 해도 상관없다. 당신은 누군가의 발표를 보고, 들으면서 '아, 이 사람 발표 잘하네' 혹은 '아, 이 사람 발표는 별로다.' 느낌으로 알 수 있다.

두 사람의 차이는 말이 짧고 명확한지에 달려 있다. 발표를 잘하는 사람 즉, 말을 잘하는 사람은 전달하려는 핵심 내용만 요약해 짧게 말한다. 짧게 말한다는 것은 쉽게 말한다는 의미이기도 하다. 거기에 재미를 더한다면 금상첨화다. 하지만 말을 잘하지 못하는 사람의 특징은 말이 길다. 수식어가 많이 붙는다. 쉬운 내용도 어렵게 전달한다.

"올해 목표는 작년보다 조금 더 높습니다. 그래서 조금 더 많은 거래처를 확보하여 작년보다 더 많은 고객들에게 제품 디테일을 해야겠습니다."

어떻게 들리는가? 소금도 과하면 짜다. 너무 많은 수식어는 사족이 되어서 말하고자 하는 본질을 흐린다. 밑줄 친 단어를 빼고 읽어 보자. 어떤가? 말하고자 하는 내용 전달에 아무 이상이 없다. 오히려 담백하다. 고객에게 '예스'를 이끌어 내고 싶다면 어렵고 길게 말해선 안 된다. 쉽고, 재밌게 전달하자.

길게 말을 할 경우 쉬운 것도 어렵게 들린다. 당신은 어려운 것을 쉽게 말해야 한다. 고객이 당신의 제품에 관심을 보여야 하기 때문이다. 그래서 구매를 하게 만들어야 한다. 하지만 위와 같이 쉬운 내용도 어렵게 전달한다면 고객이 당신의 물건을 사고 싶은 마음이 생길까? 기억하라. 알아듣지 못하면 사고 싶은 마음이 생기지 않는다.

나 역시 제약영업을 하면서 제품을 판매할 때 이런 식으로 했다. 많은 수식어를 붙여 말을 길게 하면 제품에 대해 더 전문가 같은 느낌이 들었다. 나만의 착각이었다. 이후 나의 문제점이 무엇인지 전문가에게 조언을 구하고, 공부했다. 불필요한 말을 덜어내고 나니 어렵게 느껴지는 말도 쉽게 다가왔다.

그렇게 고객을 상대하니 고객의 반응이 달라졌다. 담당하는 제품에 대해 더 관심을 갖기 시작했다. 호기심을 갖고 질문이 이어졌다. 결국 성과로 연결이 되었다. 고객의 마음을 얻기 위해서는 쉽게 말해야 한다. 쉽게 말한다는 의미는 길게 말하지 않는다는 것이다. 길게 말하면 말이 어렵다. 짧게 말해야 하는 이유다.

이러한 경험 이후 나는 최대한 말을 쉽게 하려고 한다. 여기에 재미를 더하여 전달하려고 노력한다. 이러다 보니 직장 선후배뿐만 아니라 고객들로부터 말을 쉽고, 재밌게 잘한다는 이야기를 자주 듣는다. 같은 업종의 다른 회사 직원들에게까지 소문이 나기 시작하면서 나에게 '쉽게 말하는 비법'에 대한 컨설팅 의뢰를 한다. 나는 그들에게 도움을 주는 것이 기쁘다. 나로 하여금 상대방의 어려운 문제를 해결할 수 있다는 것 자체가 설렘이다.

▌ 말의 시작과 끝

말은 시작도 중요하지만 끝마무리가 중요하다. 가끔 말끝을 흐리는 사람이 있다. 그런 사람을 만나 대화할 때면 답답하다. 우선 자신감이 없어 보인다. 진실처럼 느껴지지 않는다. 그리고 이해가 잘 안가니 당연히 어렵게 느껴진다. 어렵다고 해서 우리가 알지 못하는 전문가적인 말을 사용하는 게 아니라 이처럼 말끝을 흐려 이해가지 않을 경우에도 어렵게 느껴진다.

당신이 고객의 마음을 잡기 위해 제품설명회를 한다고 치자. 시작은 좋았다. 하지만 말끝으로 갈수록 말이 흐려지고, 작아진다면 고객의 마음은 어떨까? 특히 우리말은 뒷부분을 흐리거나 조용해질수록 신뢰감이 떨어질 뿐 아니라 전체 말의 내용조차 달라질 수 있다. 쉽고, 재밌게 전달하기 위해서는 말끝을 분명히 해야 한다.

어렵고 복잡한 것을 좋아하는 사람은 아무도 없다. 최대한 심플하고 단순하게 만들어야 고객의 마음을 열 수 있다.

영업부와 마케팅부와의 협력은 목표달성 하는데 있어 아주 중요한 부분이다. 나는 영업부 팀원들과 마케팅부와의 연결 고리인 챔피언을 담당한 적이 여러 번 있었다. 지금까지 나와 함께 모든 영업 활동을 한 동료들이 항상 하는 말이 있다.

"어떻게 그렇게 미팅을 빨리 끝내?"

나는 직원과의 미팅 시간이 굉장히 짧다. 15분이 채 걸리지 않고 끝낼 때도 많이 있다. 길어봐야 30분 이상 미팅하지 않는다. 그러면 다른 사람들은 놀란다.

"뭐야, 벌써 끝났어?"

나는 사람들 앞에서 말하는 것을 좋아하고, 즐긴다. 그럼에도 불구하고 빨리 끝내는 이유는 항상 말하고자 하는 핵심 포인트, 요점만 미리 정리해서 전달하기 때문이다. 직원이 꼭 알아야 할 것, 고객으로부터 클레임이 발생할 수 있는 요소, 고객이 궁금해 할 것을 짧게 요약해 전달해주면 챔피언으로서 내 역할은 끝난다.

직원과 나 모두의 귀중한 시간을 아낄 수 있어서 좋고, 직원들의 만족도 역시 훨씬 높다. 많은 것을 전달할수록 복잡하고 어렵다. 기억 남지도 않고, 헷갈려 한다. 많은 이야기를 전달하다 보면 결국 자신이 기억하고 싶은 말만 기억한다는 것을 명심해야 한다. 직원의 마음을 얻고, 고객에게 '예스'를 이끌어내고 싶다면 쉽고 재밌게 전달하자.

고객에게 '예스'를 이끌어내는 영업비법 중 한 가지는 어려운 것을 쉽고, 재밌게 전달하여 그 제품을 구매할 수밖에 없도록 판단하게끔 하는 강력한 메시지를 고객의 가슴에 심어주는 것이다.

첫째, 너무 많은 수식어는 말이 길어져 어렵게 느껴진다.

둘째, 말끝을 흐리지 말고, 명확하게 말하자.

셋째, 말하고자 하는 핵심만 요약해서 전달하자.

이 세 가지만 잘 지켜도 당신은 고객에게 '예스'를 이끌어낼 수 있을 것이다. 어려운 것을 쉽고 재밌게 전달하는 훈련을 통해 당신은 영업고수가 될 수 있다.

Point

– 길게 말하면 말이 어렵다. 짧게 말해야 하는 이유다.

5 반응하고, 공감하고, 인정하라

영업에 있어 고객의 말에 반응하고, 공감하고, 인정하는 것은 매우 중요하다. 주변을 보면 고객의 말에 반응하지 않고, 공감하지 않는 초보영업사원들이 영업에 힘들어 하는 경우가 종종 있다. 고객의 기대는 진화하는데 이를 인식하지 못했기 때문이다. 기업이나 영업사원들에게 고객의 말에 반응하고, 공감하는 것은 성공을 넘어서는 생존의 문제다.

대학원에서 코칭을 배울 때 일이다. 핵심은 질문과 경청이다. 질문을 통하여 코칭 받는 사람 내면의 잠재의식을 일깨워주는 역할을 코치는 한다. 또한 답변하는 사람의 말을 잘 반응하고, 공감하며, 인정해주면서 경청하는 것이 코치가 할 일이다. 모든 수업은 실습으로 이뤄진다.

상대의 이야기를 듣는 게 전부다. 대신 그냥 들으면 안 된다. 들으면서 함께 울고, 웃으면서 반응해야 한다. 공감하는 내용에는 온 몸으로 공감하고, 칭찬과 인정을 하면서 상대의 자존감을 올려주는 거다. 처음에는 듣기만 하면 되는 데 어려웠다. 오히려 말하는 게 더 쉬웠다.

수업시간 뿐만 아니라 과제 또한 일상생활을 하며 상대와 나눴던 이야기 중 들었던 내용을 기록하여 제출해야만 했다. 듣는 것도 반복하고, 연습하다 보니 익숙해지는 나를 발견하며 참으로 신기했다. 이런 활동은 영업현장에서 고객을 대할 때 큰 도움이 된다. 고객의 눈을 보며 진정으로 그들의 이야기에 귀를 기울이게 되었다.

고등학교 친구 중 한명은 남들 다하는 취업이 아닌 스스로 만족하는 삶을 선택했다. 패션을 좋아했던 그 친구는 온라인 쇼핑몰을 창업했다. 벌써 10년이 되어간다. 사업초기에는 어려움도 많았지만 좋아하는 일을 해서인지 다 극복하여 지금은 월 수천만 원의 수익을 올리는 사업가가 되었다.

하지만 친구에게도 걱정거리가 있다. 현재 온라인에서 의류 판매가 활발하게 일어나는 상황이지만 앞으로 지속될 거란 보장이 없다고 했다. 미래에 대해 준비해야 할 시기가 왔다고 생각하는 것이다. 친구는 내게 코칭 받기를 원했다. 난 누구보다 그의 상황을 잘 알고 있었기에 자신이 있었다.

친구의 허락을 받아 그때 나눴던 대화 내용의 일부를 공개한다.

태호: 요즘 어떻게 지내세요?

병조: 현재 월 매출은 좋습니다. 하지만 제가 직접 옷을 입고, 촬영하고, 판매하다 보니 앞으로가 걱정입니다. 나이가 먹으면 아무래도 좀 어려울 것 같아서요. 5년 뒤, 10년 뒤에 어떤 걸 준비해야 할지 모르겠어요.

태호: 아, 정말 그러시겠어요. 많이 걱정되시겠네요. 충분히 이해합니다. 그럼에도 지금까지 너무 잘 해오셨어요. 현재도 너무 잘하고 계시고요. 대단하십니다. 지금 들어보니 미래에 대한 불안감으로 들리는데 제가 이해한 게 맞나요?

병조: 네, 맞아요. 저도 결혼을 했고, 아이도 키우는 부모가 되다 보니 앞으로가 걱정되네요.

태호: 아하~ 그렇군요. 혹시 미래에 대한 준비를 생각해보신 게 있으세요?

병조: 사실 오프라인 매장을 운영하고 싶어요. 그건 나이가 먹어도 제가 직원을 두고 해도 되니깐 그 생각은 해본 적 있어요.

태호: 와, 오프라인 매장이요? 오~ 멋지네요. 좀 더 구체적으로 말씀해주시겠어요?

병조: 친구의 사업 기밀이 포함되어 있어 비공개로 합니다.

태호: 이야, 정말 멋진 생각입니다. 고등학교 때부터 지금까지 쭉 봤지만 정말 대단하십니다. 훌륭합니다. 멋져요. 만약 오프라인 매장을 연다면 위치는 어디가 좋을까요?

병조: 비공개

태호: 그렇군요. 그럼 당장 무엇부터 시작하시겠어요?

병조: 대화를 나누면서 생각났어요. 당장 부동산부터 가봐야겠어요.

태호: 꿈을 위해 열정적으로 노력하는 모습이 다른 친구들에

게 귀감이 되고 있는 것 아시죠? 물론 저에게도 그렇고요. 미래에 대한 구체적인 계획과 실행하시는 모습이 너무 보기 좋습니다.

병조: 아, 감사합니다.

태호: 오늘 2시간정도 이야기를 나눴는데 지금 기분이 어떠세요?

병조: 정말 감사합니다. 속이 후련해졌어요. 현재 나의 상황에 대해 이해하게 되었고, 뭘 해야 할지 방향이 잡혔어요. 감사합니다.

어떤가? 내가 한 것은 질문과 그의 이야기에 반응하고, 공감하고, 인정한 것 밖에 없다. 대화가 끝나고 친구는 내게 고맙다는 말을 계속 했다. 적절한 질문과 경청이 얼마나 중요한지 깨닫게 된 계기였다. 친구는 나와의 대화가 너무 신선하고, 좋았다면서 동창들에게 자랑을 늘어놓았다.

물론 처음에는 경청하는 게 쉽지 않다. 나도 그랬다. 반복하고 연습을 통해 자연스럽게 몸에 배었다. 경청을 잘하는 것도 기술이다. 배워야 한다. 훈련을 통해 계발해야 한다. 고객에게 물건을 판매할 때도 마찬가지다. 일방적으로 뭔가를 제시하려고 하지 말고, 설명하지 마라.

먼저 고객의 속마음을 파악해야 한다. 그러기 위해서 질문을 해야 한다. 여기서 중요한 포인트는 고객이 답을 할 때다. 절대 듣는 둥 마는 둥 하면 안 된다. 고객의 눈을 보며 적극적으로 반응해야 한다. 공감하고, 칭찬과 인정을 통해 고객이 스스로 제품에 대해 궁금하도록 만들어야 한다. 이런 과정의 결과가 얼마나 중요한지 깨닫게 되었다. '예스'를 이끌어내려면 고객의 말에 반응하고, 공감하고 인정해야 한다.

Point

– 질문을 하면 고객의 속마음을 알 수 있다.

6 작은 관계라도 소중히 여긴다

20세 때부터 시작한 분양영업이나 교육영업은 불특정 다수 고객이었다. 길거리에서 지나가는 고객을 대상으로 영업하거나 수많은 기업, 기관에 수주영업을 하러 다녔다. 고객이 정해져 있지 않았다. 하지만 제약영업은 의사라는 특정 고객으로 이뤄져 있다. 지정된 거래처가 있고, 매달 관리해야 할 고객이 정해져 있다.

영업특성상 특정 유형의 고객들에게 끊임없이 제품, 서비스의 가치를 전달함으로써 고객과 좋은 관계를 맺는 것이다. 일단 의사 고객들의 마음을 끌어당기고 난 후에는 그 관계를 오랫동안 지속하면서 점점 성장해야 한다.

장기적인 관계를 유지·발전시키기 위해 다음과 같은 나만의 관계비법을 만들었다.

첫째, 나를 만나는 고객에 대해 감사한 마음을 보여준다.

둘째, 정기적으로 고객과 만남을 유지하며 제품의 가치를 전달한다.

셋째, 거래가 큰 고객과 작은 고객 모두를 소중한 존재로 대우한다.

넷째, 정보를 최대한 쉽고, 간결하게 전달한다.

다섯째, 고객의 말에 적극적으로 반응하고, 경청한다.

여섯째, 고객들에게 부탁이 아니라 제안, 요청한다.

일곱째, 풍요로운 삶을 살게 해주는 나의 고객들에게 존경을 표한다.

고객과 장기적이고 좋은 관계를 유지하는 것은 기술이며 담당자의 능력이다. 나는 고객에 대해 알고 있는 모든 것들의 데이터베이스를 구축했다. 고객들에 대한 소소한 것부터 큰 것까지 더 많은 정보를 알수록 특별한 가치를 더 많이 만들어서 고객들에게 전달할 수 있었기 때문이다.

데이터베이스는 목표달성의 중요한 기초이며, 잠재고객 및 고객들에 대한 정보가 저장되어 있다. 좋은 회사일수록 회사 구성원 누구나 원하는 시간에 기록된 정보를 볼 수 있게 되어 있다. 좀 더 효과적으로 고객을 관리할 수 있는 시스템을 말한다. 당신이 작은 관계라도 소중히 여기길 원한다면 당신만의 데이터베이스를 가지고 있어야 한다.

작은 관계라도 소중히 여기는 영업고수들은 고객 개개인과 개별화된 의사소통을 하는 사람들이다. 물론 하루는 24시간으로 정해져 있고, 당신의 몸은 하나다. 당신의 제품을 많이 쓰는 거래처 고객이 그렇지 못하는 고객보다 더 우선시 하는 건 당연하다. 하지만 당신이 놓치지 말아야 할 것은 고객들은 유기적으로 연결되어 있다는 사실이다.

당신의 제품을 덜 사용하는 고객일수록 더 소중히 여기고 신경 써야 하는 이유다. 직접 만날 수 없는 상황이라면 문자나 메시지로도 감사인사를 얼마든지 표현할 수 있다. 당신의 목표는 특정 유형의 고객들에게 제품이나 서비스의 독특한 가치를 전달함으로써 좋은 관계를 유지하는 것이다.

대기업일수록 영업 전략, 마케팅 프로그램, 시스템 등은 제품이나 서비스 중심이 아니라 고객 중심으로 되어져 있다. 중요한 것은 제품이나 서비스가 아니라 당신의 제품을 구매하는 고객이라는 사실이다. 직장에 다니면서 고객에게 '예스'를 이끌어내기 위해서는 제품우선이 아니라 고객과 작은 관계라도 소중히 여겨야 된다는 것을 경험을 통해 배웠다.

▌ 가치는 스스로 만든다

나는 영업을 하며 알게 된 병원장님들과 모임을 함께하며 매우 가깝게 지내고 있다. 그들과 함께 보내는 시간은 무척이나 소중하다. 인생의 귀한 가르침을 배울 수 있고, 한 분야에서 성공한 사람들의 마인드나 특징에 대해서도 배울 수 있다. 난 제약회사 제약영업을 하는 게 너무 좋다. 재밌다.

하지만 잘 모르는 사람들은 제약회사 영업부에서 근무한다고 말하면 걱정스런 표정을 지으며 "너무 힘드시겠어요"라고 말한다. "힘들다니요? 뭐가요?" 내가 물어본다. 그러면 TV나 언론에서 일부 부정적 시선으로 비춰진 제약영업에 대해서 말한다. 전혀 그렇지 않은데 말이다.

고객에게 간이고 쓸개고 다 빼주는 영업사원은 그 관계를 소중히 여길 줄 모르는 사람이다. 마치 지금 하는 영업을 하지 못하면 인생의 모든 것을 잃어버리는 것 같은 착각을 한다. 정말 안타깝다. 하지만 작은 관계라도 소중히 여기는 영업고수들은 자신감에 차 있고, 당당하다.

아무리 갑과 을의 관계라 하더라도 당신의 가치는 당신 스스로 만든다는 것을 명심해야 한다. 그 누구도 당신의 가치를 만들어주지 못한다. 고객과의 작은 관계라도 소중히 여기길 원한다면 당신의 가치를 높여야 한다.

자신의 가치를 스스로 높여 작은 관계라도 소중히 여기는 영업고수들의 마인드는 "영업을 하면 할수록 전문가로 인정받는다." "여유가 생겨 스스로 시간관리를 할 수 있는 장점이 있다"라고 말한다. 하지만 관계를 소중히 여기지 못하는 초보영업사원들의 마인드는 "영업은 하면 할수록 힘들다." "시간 없어. 너무 바빠"라고 말하며 자기관리가 안 되니 시간관리 조차 안 되는 사람들이다. 그럼 어떻게 해야 작은 관계라도 소중히 여기는 영업고수가 될 수 있을까?

첫째, 당신의 가치를 스스로 부여하자. 물론 고객과 영업사원은 갑을 관계다. 부정할 수 없는 사실이다. 하지만 영업을 하고 있는 지금 당신의 가치는 고객이 아닌 스스로가 부여해야 한다. '겸손은 미덕'이 아니다. 그렇다고 하고 싶은 데로 아무렇게나 하라는 말이 아닌 것은 알고 있을 것이다. 스스로의 가치를 부여해야 당신이 정한 가치에 맞는 사람이 될 수 있다. 겸손이라는 이름으로 스스로 가치를 낮추면 아무도 그 가치를 올려주지 않는다. 결국 당신은 남들이 정한 가치의 사람이 되어 자신의 인생이 아닌 타인의 인생을 살게 되는 것이다. 초보 영업사원은 고객이 몸값을 정하고 영업고수는 스스로 몸값을 정한다.

둘째, 자기관리와 시간관리를 철저히 하자. 영업하는 사람은 거래처의 사장이라는 책임감과 주인의식을 가져야 한다. 이런 영업고수는 자기관리와 시간 관리가 철저한 사람이다. 내가 주인이라는 의식을 가지고 거래처와 고객을 관리한다. 크든 작든 고객과의 관계를 소중히 여길 수밖에 없다. 사장마인드로 영업하는 영업고수는 자기관리와 시간관리가 철저한 사람이다.

셋째, 부정보다는 긍정을 선택하자. 영업에서 긍정과 부정을 선택하는 사람의 차이는 명확하다. 긍정의 영업고수들은 언제나 그들 자신의 행동과 그 결과에 대해 책임을 지는 것을 당연하게 생각한다. 반면 부정의 초보영업사원들은 절대 그렇게 하지 않으며 그 대신 자기들이 왜 그렇게 성과가 나빴는지에 대해 어떤 방식으로건 설명하려 한다.

부정적인 사람들은 핑계, 변명, 불평, 불만으로 가득한 사람들이다. 우리의 고객이 가장 싫어하는 유형의 영업사원이다. 이들은 관계를 소중히 여기지 않을 뿐만 아니라 자기관리와 시간관리 조차 제대로 하지 못하는 사람이다. 작은 관계라도 소중히 여기는 영업고수들은 항상 해결책을 찾아 나선다. 고객에게 '예스'를 이끌어내기 위해 어떻게 하면 해결할 수 있을지 고민하며 매일 고객과 좋은 관계를 유지시켜 나간다. 그들의 머릿속에는 고객과의 작은 관계라도 소중히 여기는 긍정의 마음을 가지고 있다.

Point

- <u>스스로 가치를 부여하자.</u>
- 자기관리, 시간관리를 철저히.
- 부정보다 긍정을 선택하자

7 진심은
결국 통한다

'김영란법'은 영업고수들에게 더없이 좋은 기회다. 사회가 투명해질수록 뇌물이나 접대 같은 부정적인 거래는 줄어들 수밖에 없다.

그렇다면 공정거래에서 누가 더 많은 목표달성과 성과를 올릴까? 고객에게 진심을 다하는 사람이다. 마음은 돈으로도 살 수 없다고 했다. 영업은 결국 사람과 사람의 관계다.

영업의 기본은 고객에게 당신의 제품을 판매하는 것이다. 판매하지 못하면 당신은 존재할 이유가 없다. 회사가 물건을 만들어 마케팅하고, 필요한 고객에게 전달하고 판매하는 모든 행위가 영업이다. 실제 영업현장에서 구매고객의 반응과 피드백을 받아 회사에 전달하는 역할도 영업사원이 하는 일이다.

영업고수는 이러한 기본적인 역할을 넘어 고객의 목표와 문제를 잘 해결하여 고객과 좋은 관계를 만들고 개발한다. 그러기 위해서는 고객 속마음을 정확히 파악해야 하며, 지속적으로 좋은 관계를 유지해야 한다.

영업을 잘하기 위한 방법은 세상에 이미 나와 있다. 현실에 안주하다 보니 잊고 지내는 거다. 지금도 진심으로 고객을 대하지 않는 초보영업사원이 많다. 그래서 고객은 영업사원을 쉽게 경계하고, 잘 믿지 않는다. 그러나 고객에게 진심을 다하는 영업고수들은 그들만의 특별한 영업비법을 가지고 있다.

첫째, 고객의 문제를 해결해주기 위해 적절한 질문을 한다.

오늘날처럼 경쟁이 치열한 상황에서 고객의 문제를 파악하여 해결해주는 것은 매우 중요한 문제다. 고객은 당신의 제품을 구매하여 그들의 문제를 해결받길 원한다. 따라서 고객의 현재상황과 문제점을 정확히 파악해야 한다. 이때 설명이 아닌 질문으로 고객의 속마음을 알아낸다. 그래야만 고객의 문제를 진심으로 바라볼 수 있다.

둘째, 고객과 파트너의 관계를 유지한다.

영업고수들은 당장 판매가 일어나지 않더라도 고객과 파트너의 관계를 유지한다. 당신의 질문을 통해 고객이 마음을 열어 그들의 문제를 이야기한다. 고객의 현재상황과 문제를 해결해주기 위해 당신은 고객에게 반응하고, 공감하고, 인정하면서 그들에게 더 큰 만족을 주기 위해 무엇을 할지 진심으로 고민한다.

셋째, 고객 관리에 필요한 모든 정보를 전달한다.

초보영업사원은 고객에게 물건을 팔기 위해 노력한다. 고객이 물건을 구매하기 전에 최선의 노력을 다하며 구매가 일어난 후에는 관심도가 떨어진다. 하지만 영업고수는 고객에게 진심을 다하기 위해 노력한다. 구매가 일어난 후에 고객에게 더 관심을 갖고, 움직인다. 때문에 제품과 관련한 업데이트 소식이나 정보를 전달하기 위해 노력한다.

영업고수들이 고객에게 '예스'를 받아내기 위해 가장 중요한 것은 진심이다. 고객을 만날 때 진심을 다해 만난다. 고객의 마음을 얻고, 고객과 오랫동안 좋은 관계를 유지할 수 있는 비법이다.

▌ 판매해야 의미가 있다

이제 막 영업을 시작한 영업사원들을 코칭 할 때 일이다. 그들이 고객에게 흔히 하는 실수 중 하나는 '영혼 없는 이야기를 한다'라는 것이다.

제품에 대해 지식만 외워 전달하는 방식으로는 고객에게 '예스'를 이끌어낼 수 없다. 고객의 말에 무성의하게 반응하거나 공감하고, 인정하는 능력이 부족하다는 의미다.

고객도 영업사원과 이야기를 하다 보면 자신 앞에 있는 영업사원이 얼마나 진심을 다해 대화에 참여하는지, 혹시 형식적으로 일하기 위해 앉아 있는 것은 아닌지 금방 알아챈다. 그러면 고객과의 관계가 소원해지고, 가까워질 수 없다. 결국 고객과의 만남도 끝나게 된다. 영업의 결과는 기대하기 어렵다.

고객으로부터 진정성이 장점이라는 이야기를 들으면 기분이 참 좋다. 고객에게 진정성이 있는 사람으로 비춰진다는 것은 나의 큰 강점이라고 생각한다.

물론 세상에 일어나는 모든 일에 진심을 다할 수는 없다. 그렇지만 최소한 고객과의 만남에서 어떤 이야기를 전달하든, 고객의 이야기에 반응하든 진심을 다한다면 고객의 관심도가 달라지고 대화의 수준자체가 높아지는 것은 분명하다.

영업의 결과는 자연스럽게 따라오게 된다. 무엇보다 '이 영업사원은 내가 하는 이야기에 진심을 보이는구나!'하며 좋은 인상을 줄 수 있다.

영업을 막 시작했을 때의 일이다. 어떻게 해야 영업을 잘하는지 몰라서 약 한 달 동안 시행착오를 겪었다. 처음에는 회사에서 시키는 데로만 영업했다. 제품 디테일이 중요하다고 해서 디테일만 했던 적도 있다. 논리적이고 이성적인 고객의 마음을 잡기 위해서는 이성적으로 다가가야 한다고 배웠고, 그렇게 행동했던 적도 있었다. 하지만 고객의 구매 심리를 연구하는 심리학자들은 고객이 이성적이고 논리적인 판단만으로 구매를 하는 것은 아니라고 강조한다.

실제로 제품을 구매한 고객들의 이야기에 귀를 기울인 결과 고객은 오히려 감성의 지배를 더 많이 받는다는 것을 경험을 통해 알게 되었다.

이와 관련해 회사에서 중요 고객대상으로 설문을 진행한 적이 있었다. '구매과정에서 결정적인 선택을 하는 기준은 무엇인가요?'라는 질문에 97% 이상 고객들의 대답은 '영업 담당자'

를 보고 제품 구매를 한다는 결과가 나왔다.

제품의 효과나 가격이 비슷하다면 제품의 선택기준은 바로 영업사원이라는 의미다. 영업고수들은 고객을 만나면서 그들과의 관계 유지를 위해 먼저 고객을 좋아한다. 그러면 고객도 같은 마음 상태가 되어 진심이 서로 통하는 관계로 발전할 것이다. 우리의 고객은 똑똑하고 현명하다. 수많은 영업사원을 만나면서 딱 보면 안다. 진심인지 아닌지.

"말할 때 진정성이 느껴져서 너무 좋아요." "당신의 강점은 어떤 이야기를 해도 진심이 느껴진다는 거예요." 내가 영업현장에서 고객으로부터 많이 듣는 이야기다. "진심은 결국 통한다." 나의 비서인 바인더 맨 앞장에는 이렇게 적혀 있다.

시간이 다소 걸리더라도 당장 눈앞의 이익을 위해 고객을 기만하거나 거짓으로 다가가지 않는다. 나만의 철칙이다. 비단 고객뿐만 아니라 내가 상대하는 모든 사람에게 해당되는 이야기다. 이렇게 바쁜 세상에 진심으로 대한다고 뭐가 그렇게 달라질 수 있겠냐고 말하지 마라. 일단 진심을 다해 해보고 그 다음에 결과를 말하라.

우리 인생은 사람과 사람과의 만남이다. 만남의 과정을 이어주는 마음이 진심이다. 진심을 향해 평생을 달려가는 것이다. 결국 진심은 통한다.

또 한 가지 명심해야 할 것은 고객을 속일 순 있어도 스스로를 속이진 못한다.

진심으로 대하는 당신의 마음이 고객에게 '예스'를 이끌어내는 영업비법이다.

Point

– 비슷한 제품과 가격이라면 대부분 고객은 영업자를 보고 구매를 결정한다.

영업은 노력이 아닌
습관이다

"생각 없이는 아무것도 할 수 없지만,

실천이 없으면 아무 일도 일어나지 않는다."

_권태호

1 뚜렷한 목표의식을 가져라

나는 '경제신문 읽기'를 꾸준히 실천하고 있다. 경제 상식도 쌓을 수 있고, 돌아가는 세상에 대한 정보도 얻을 수 있기 때문이다. 그리고 무엇보다 영업현장에서 어떤 고객을 만나더라도 최근 이슈의 이야기를 끌어 갈 수 있는 원천이 된다.

영업현장에서 목표가 뚜렷한 영업고수와 그렇지 않은 초보 영업사원들은 딱 보면 알 수 있다. 뚜렷한 목표의식을 가진 영업고수들의 눈빛은 강렬하다. 마치 이글거리는 태양과도 같은 모습이다. 긍정적인 마인드와 자신감 있는 태도로 늘 당당하다. 또한 그들은 여유가 있다.

현재 영업을 하고 있는가? 아니면 다른 일을 하고 있는가?

아무래도 괜찮다. 잘 생각해보라. 현재 당신이 하고 있는 일은 과거에 당신의 선택과 결정으로 이뤄졌다. 삶을 변화시키고 향상시키기 위해서는 자신이 원하는 목표를 상상하고, 새로운 선택과 결정을 내려야 한다.

나는 일요일에 미리 다음 주의 계획을 세워두는 편이다. 바인더를 활용하여 가능하면 매주 빼먹지 않고 하는 일이다. 그 주 해야 할 일들을 모두 바인더에 작성하고 나면, 나도 모르게 매일 그 목표들을 달성하는 데 도움이 될 생각이나 아이디어가 떠오르기도 한다. 확실히 적은 날과 그렇지 않은 날의 차이는 크다.

누구나 공감하고 있듯이 영업을 하면서 자기관리는 무척 중요하다. 영업고수들은 그들의 목표와 방법을 갖고 이미 자기관리에 철저한 사람들이다. 그런데 이 자기관리는 뚜렷한 목표의식 없이는 이루어질 수 없다는 것을 꼭 말하고 싶다. 똑같은 24시간을 30시간처럼 쓰는 사람들이 있다.

영업을 하면서 나의 스케줄은 거의 '살인적'이었다. 시간이란 항상 한정돼 있기 때문에 동료들은 나에게 도대체 언제 잠을 자고, 그 많은 일들을 하느냐고 물어본다. 퇴근하고 특강이나 세미나에 참석해 배운다. 주말 새벽을 활용하여 1:1컨설팅과 사람들을 코칭 한다. 하지만 나는 누구보다도 에너지 있는 삶을 살며 여유 있게 하고 싶은 일을 해낸다.

나는 새벽 4시에 일어나 책을 읽고 글을 썼다. 아들만 셋이어서 저녁에는 아이들과 놀고 밤 10시에 함께 잤다. 대신 새벽 일찍 일어나서 온전히 내 시간을 찾았다. 이 시간이 하루 중 나를 돌아보고, 나에게 집중할 수 있는 시간이다. 직장에 다니면서 1년에 150여권의 책을 읽을 수 있었던 비결은 뚜렷한 나만의 목표의식을 가지고 있었기 때문에 가능했다.

▌ 작은 습관의 힘

어렸을 때부터 나는 무대에 올라가는 걸 너무 좋아했다. 장기자랑시간에는 늘 뭔가를 준비하여 무대에 올랐다. 그 시간이 너무 설레고 좋았다. 고등학교 시절에는 친구들이랑 댄스 팀을 만들어 활동했다. '대전엑스포 전속 댄스 팀'으로 선발되어 모든 댄스경연대회에서 수상하는 영광을 얻기도 했다.

대학교 1학년 때 처음 시작한 아르바이트가 레크리에이션 강사를 따라다니며 도와주는 일이었다. 1년 동안 어깨 너머로 배운 경험을 바탕으로 군대에서 '국군방송 아나운서 MC'로 활

5장 영업은 노력이 아닌 습관이다 **227**

동하며 경력을 쌓았다. 제대 후 본격적으로 레크리에이션 강사로 활동했다. '해외탐방형 공모전'에 선발되어 기업의 후원을 얻어 무료로 수차례 해외여행을 다녀왔다.

그 경험을 바탕으로 대학교 총장님의 추천으로 신입생 대상 강연회를 열었다. 대학교 3학년 때 일이다. 이 계기로 난 강연가의 꿈을 키웠다. 이론보다는 실질적인 기업의 현장 경험을 쌓기 위해 영업을 선택했다. 전국 영업 1등을 했고, 마케팅에 대해서도 배웠다. 직원들에게 동기부여와 나의 경험을 전달하기 위해 강연도 했다.

직장에 다니면서 총 4권의 책을 집필했다. 그토록 원하던 베스트셀러 작가가 되었고, 나의 도움을 필요로 하는 사람들에게 컨설팅, 코칭을 하며 동기부여강연가로 제 2의 인생을 살고 있다. 이 모든 과정은 나의 뚜렷한 목표의식이 있었기에 가능했던 일이다. 특히 영업을 하면서 목표의식의 중요성에 대해 누구보다 잘 알 수 있었다.

나는 끊임없이 목표의식을 가졌다. 목표달성과 성취를 위한 나만의 목표의식을 갖는 방법을 소개하겠다.

첫째, 영업을 하는 동안 나는 한 해에 한두 번씩 목표들을 종이에 적고 바인더에 가지고 다니며 확인했다. 그것들을 이루기 위해 늘 노력했다. 이 작은 습관 하나가 내 삶에 믿을 수 없을 만큼 큰 영향을 미쳤다. 나는 매년 1월에 그 해 이루어야 할 목표들을 목록으로 작성했다. 그리고 12월에 목록을 검토했다. 믿을 수 없을 만큼 불가능해 보이는 목표들이라도 대부분 성취되어 있었다. 1년에 한 번씩 목표들을 종이에 적는 작은 습관이 그렇게 큰 결과를 가져온다는 사실에 놀란 적이 한두 번이 아니었다. 현재 나는 시간 날 때마다 목표를 적고 확인하는 것을 통해 큰 힘을 얻는다.

둘째, 종이에 적은 목표들을 보면서 이미 다 이루어진 상태라고 긍정적으로 생각했다. 그것들이 어떻게 이루어질 것인지 의심하지 않는 것이다. 바인더에 가지고 다니면서 매일 보면서 중요한 포인트는 '할 수 있다' '하면 된다' 최대한 긍정적인 생각과 말을 했다. 반복해서 보면 신기하게 목표를 성취할 수 있으리라는 확신이 설 것이다.

우리의 잠재의식은 일단 목표를 의식의 명령으로 받아들이고 나면 모든 말과 행동을 그러한 목표에 일치하는 주파수를 맞추게 된다. 그러면 잠재의식은 목표달성을 하는 데 도움이 될 상황들을 우주로부터 끌어 들이기 시작한다. 끌어당김의 법칙이다. 절대 의심할 필요가 없다. 긍정적으로 상황을 바라보는 습관이 매우 중요하다.

셋째, 첫째와 둘째를 믿고, 반복했다. 특히 영업 목표달성을 위한 실행계획을 종이에 적었다. 이미 이루어진 것처럼 긍정적으로 생각하고 말했다. 달성한 목표들을 통해 자신감이 생겼다. 새로운 목표의식을 갖고 행동했다. 이런 세 가지 방법을 반복하며 매일 목표를 설정하는 방법의 효율성을 증대시킬 수 있었다.

'나의 목표는 연봉 2억을 달성하는 것' 이런 건 목표가 아니라 그저 희망사항일 뿐이다. 더 구체적이고 자세한 목표를 설정해야 한다. 2억 자체를 목표로 잡는 게 아니라 과정자체가 목표가 되게 한다. '이번 달은 고객 100명을 만나겠다.' '하루에 11명씩 만나는 것을 목표로 한다.' 이런 식으로 구체적인 목표를 설정해야 한다.

매출 2억은 결과다. 결과가 나오도록 과정을 계획하는 거다. 만약 목표달성이 되지 않으면 리뷰를 해야 한다. 과정을 충실히 하면 왜 2억이 안 나오는지 분석이 된다. 과정을 계획하지 않고 2억 자체를 목표로 설정하면 엉뚱한 발상을 하게 된다. 영업은 노력이 아닌 습관이다.

뚜렷한 목표의식이 있는 영업고수들은 목적지로 향하는 길의 과정이 힘들고, 어렵고, 험난하더라도 기쁘고 행복한 마음으로 갈 수 있는 사람들이다. 작은 습관 하나가 엄청난 결과로 이어진다는 사실을 반드시 기억하길 바란다.

Point

– 목표를 메모해 자주 확인하라.

– 성취할 것이란 확신을 가져라.

2 외모는 자신감이다

"그 사람 헤어스타일 봤어? 아니 영업한다는 사람이 왜 그래?"

"넥타이를 풀어 헤치고 구겨진 정장을 입은 걸 보니 좀 자기 관리를 못 하는 사람인 것 같아."

"눈은 항상 충혈 되어 있고 힘이 없어. 술에 빠져 사는 건 아닐까?"

얼마 전 회사는 다르지만 같은 업종에서 영업하는 후배와 함께 나눈 대화 내용의 일부다. 실제로 한 사람의 외모는 짧은 시간 안에 다양한 정보를 전달한다. 외모로 사람을 판단하지 말라고 하는 시대는 옛날 옛적 호랑이 담배 피던 시절의 이야기다. 우리는 여전히 눈에 보이는 현실적인 것을 통해 보이지 않는 것들을 상상한다.

얼굴 표정이나 자세, 헤어스타일, 옷차림, 피부 관리 상태만 봐도 그 사람의 마음이나 심리 상태를 짐작할 수 있다. 또한 생활습관이나 자기관리 여부를 대략적으로 알 수 있다.

물론 외모만으로 그 사람에 대한 모든 것을 정확하게 알 수는 없지만 외모에 내면의 상당부분이 드러난다는 사실은 부인할 수 없다. 자신의 모습에 대해 전혀 신경 쓰지 않는 사람들을 만나보면 내면 역시 건강하지 못한 경우가 많았다. 눈빛이 흐리고, 부정적인 에너지로 가득 차 있었다. 자신의 외모를 관리하는 일은 내면에 큰 영향을 미친다. 자신을 가꾸는 일은 스스로의 생각과 의지, 선택으로 이루어지기 때문이다. 주변을 보면 매사에 열정을 쏟고 적극적인 사람일수록 자기관리가 철저하다. 이들은 외모를 가꾸는 일에도 소홀하지 않다.

깔끔하게 외모를 관리한 영업고수들의 말과 행동에 신뢰가 생기는 것은 당연하다. 외모를 잘 관리하면 영업, 인간관계에서 긍정적인 결과를 얻는 데 유리하다. 반면, 외모를 잘 관리하지 않고 방치해둔다면 수많은 기회를 잃는 것은 물론 고객들과의 관계에서도 원치 않는 상황을 경험할 것이다.

영업을 하는 당신이 고객에게 돋보이게 하는 데 외모는 큰 역할을 한다. 나는 영업뿐 아니라 인생 전체에서 겉으로 드러난 모습이 상당히 중요한 요소라고 생각하기 때문에 외모에 많은 신경을 쓴다. 아침에 출근할 때 거울에 비친 나의 모습에 만족하는 날에는 고객을 만날 때 더 자신감이 생긴다.

정장은 항상 내 몸에 맞게 맞춤으로 해 입고, 셔츠는 잘 다려서 입는다. 머리를 단정하게 만지고 정기적으로 파마를 통해 헤어스타일을 점검한다. 또한 피부 관리를 통해 얼굴을 관리한다. 외모를 가꾸기 시작하면서 술과 담배는 끊었다. 사람에게 인상이 얼마나 중요한 요소인지 잘 알기 때문이다.

예전에 이미지 컨설팅을 받기 위해 서울로 올라간 적이 있다. 이미지에 대한 강의였기 때문에 평소보다 더 잘 차려입었고, 신경을 썼다. 이미지 강사를 보니 머리부터 발끝까지 내가 원하고 바라던 그런 모습이었다. 자연스러운 헤어스타일에 짙은 눈썹, 정돈된 피부, 몸에 착 감기는 듯 잘 어울리는 정장, 반짝거리는 구두에서 자신감을 볼 수 있었다.

나름대로 꽤 많은 영업을 경험하며 고객에게 항상 깔끔함을 유지해 외적으로는 부족하지 않다고 생각했다. 그런데 나만의 착각이었다. 영업을 하는 우리는 '이 정도면 되겠지' '이 정도만 하자'라고 스스로 한계를 긋는다. 고객에게 어떻게 보일지는 모르면서 자기 모습에 만족하며 살아가는 영업사원들이 너무 많다.

지금도 어떤 영업사원들을 만나면 일을 하러 온 건지 산책을 나온 것인지 모를 때가 많다. 외모는 자신감이다. 자신감의 표현이다. 자기 외모가 마음에 들면 자신감이 생기고 그렇지 않으면 위축된다.

영업을 코치하고, 컨설팅 할 때마다 외모의 중요성에 대해서 꼭 이야기한다. 의외로 기본도 지키지 않으면서 영업을 하려는 사람들이 꽤 많다. 전날 술을 얼마나 먹었는지 눈은 충혈되어 있고, 얼굴은 푸석푸석, 언제 다렸는지 모를 구겨진 정장을 입고, 헐레벌떡 출근하는 사람들을 생각보다 꽤 많이 볼 수 있다.

사실 외모 관리를 잘 하는 직원이 예쁘다고 월급을 더 주고, 그렇지 못한 직원에게 덜 주는 회사는 없다. 자신이 일한 만큼 성과를 내면 인센티브를 받는 시스템이다. 그만큼 철저하게 자기관리를 하며 컨디션을 조절해야 한다. 어제 늦은 시간까지 술을 마셨다면 그냥 한두 시간 더 쉰 다음 최상의 컨디션으로 출근해야 한다.

최상의 컨디션으로 고객을 만나 제품을 디테일해도 될까 말까한 상황에서 흐트러진 모습을 보이는 것은 최악이다. 만약 너무 힘들어 온몸에 힘이 없다면 차라리 그날은 당당하게 팀장에게 보고하고 휴가를 내고 쉬어라.

▌ 기본이 튼튼한 사람

내가 다니는 회사는 일 년에 한 번씩 직원들에게 피드백을 구하는 문화다. 물론 익명으로 진행한다. 강점과 개발해야 될 점에 대해 작성한다. 나의 피드백은 거의 매년 동일하다.

- 긍정적이고 밝고 좋은 에너지가 느껴진다.
- 자신의 감정을 솔직하고 당당하게 드러낸다.
- 매사에 적극적이고 열정적이다.
- 배려를 할 줄 알며 예의가 바르다.
- 항상 자신감이 넘친다.

영업고수들은 무엇보다 기본이 튼튼한 사람이다. 외모관리는 기본중의 기본이다. 기본을 잘하는 사람은 자신감을 갖게 된다. 외모는 단순히 얼굴이 잘생기고, 못생긴 것을 말하는 것이 아니다. 그 사람의 분위기나 표정, 태도, 습관에 영향을 받는다. 자신감은 모든 것을 변화시킨다.

고객에게 호감을 얻는 것뿐만 아니라 지속적으로 고객과 좋은 관계를 유지하기 위해서는 무엇보다도 나 자신이 '함께 있고 싶은 사람'으로 느껴져야 한다. 그렇다면 함께 있고 싶은 사람이란 어떤 사람을 말하는 걸까? 영업은 비즈니스다. 고객은 그들의 문제를 해결받기를 원한다.

당신이 긍정적이고 밝은 미소를 가지고 있다면 함께 있고 싶은 사람이 될 가능성이 크다. 거기에 정돈된 헤어스타일, 피부, 깔끔한 모습을 하고 있다면 고객은 당신에게 호감을 느낄 것이다. 고객은 당신의 외모를 통해 자신감을 볼 것이다. 그런 태도가 그들의 문제를 해결해줄 거라고 믿는다. 이는 단순해 보이지만 결코 하루아침에 이룰 수 있는 것들이 아니다.

더불어 잘 관리된 외모는 당신이 스스로에게 자신감이 있다는 점을 미루어 짐작하게 한다. 외모를 가꾸는 작은 습관만으로도 당신은 영업고수가 될 수 있다. 반드시 기억하기 바란다. 외모는 자신감이다.

3 자신감과 자부심을 가져라

"저는 한국기술교육대학교 출신입니다." 나는 전문대학을 졸업하고 지방대 4년제로 편입했다. 대학교에 입학하고 나서 총장님의 추천으로 학교를 빛내고 알리는 역할을 하는 학교 홍보대사로 활동했다. 재학 시절 월간조선과 선진화포럼이 공동 주관하는 대학생 '中國 격변의 현장' 체험단에 최종 선발되었다. 교내 포스터가 걸리고 학교 홈페이지에 소개되는 영예를 얻기도 했다.

전체 700명의 지원자 중에서 서류심사, 6차례의 예심, 치열한 면접 전형을 거쳐 8.9대 1의 경쟁률을 뚫고 선발되었다. 나는 1주일간의 체험투어 기간 동안 중국 상해, 북경 등 거대 중국의 선진 산업현장 체험을 통해 약진하는 중국 산업현장의 현재와 미래를 둘러보는 소중한 기회를 가질 수 있었다.

매년 기아자동차는 '기아글로벌워크캠프'에 참가할 대상을 모집한다. 워크캠프Workcamp는 15명 내외의 다국적 참가자들이 2~4주간 함께 생활하며 봉사활동과 문화교류를 하는 세계 최대 국제교류 프로그램이다. 2006년을 시작으로 올해 12기를 맞이하는 기아글로벌워크캠프는 사단법인 '더 나은 세상'과 함께 전국 대학원생들을 선발하여 유럽의 워크캠프로 파견하는 기아자동차의 대표적인 해외탐방 프로그램이다.

현재까지 프랑스, 스페인, 이탈리아, 독일, 영국, 스위스, 벨기에, 그리스, 아이슬란드, 덴마크, 에스토니아, 폴란드, 터키, 모로코, 러시아, 리투아니아, 우크라이나, 일본, 라오스, 인도까지 11년간 대한민국을 포함한 21개국에서 열리는 워크캠프에 총 500명의 대학원생들이 참여했다.

2008년 대학교 4학년 때 이곳에 선발되어 독일로 한 달간 워크캠프를 다녀온 적이 있다. 당시 1차 서류심사와 2차 면접을 통해 최종 참가자로 선발되었다. 온라인 서류 접수에만 7,000여 명의 대학생들이 신청 및 참가 접수를 해 그 어느 해보다 뜨거운 호응을 받았었다. 난 정말 행운아다.

기아글로벌 워크캠프가 특별한 이유는 개인별 자유여행 일정을 반영한 유럽 왕복 항공권을 전액 지원해준다. 워크캠프가 끝난 후에도 국제모터쇼, 부산국제영화제 등 기아자동차가 시행하는 다양한 마케팅 활동에 참여할 수 있다.

▮ 성공을 경험하라

본격적으로 영업을 시작한 곳은 국내 제약회사 영업부다. 매일 새벽에 일어나 제품 공부를 하고, 늦은 밤까지 영업현장에서 고객들을 만나 제품을 팔았다. 누구보다 열심히 일했다고 자신한다. 입사 6개월 만에 200% 성장을 이루었다. 상위 10%안에 들었고, 전국의 영업사원 앞에서 성공사례 발표를 했다.

다국적 제약회사 영업부 이직에 성공했다. 누구보다 당당하고 자신감 넘치는 직원이었다. 회사의 문화가 많이 달라 이직 후 1~2년은 시행착오를 겪었다. 업무에 적응이 되고, 결국 나는 전국 영업 1등을 했다.

영업현장에서 실제 경험한 내용과 영업 관련 수많은 책들과, 특강, 세미나에서 배운 이론을 접목하여 나만의 영업비법을 만들었다. 지금은 나의 경험과 지식을 필요로 하는 많은 사람들에게 전달할 수 있는 과정 개발을 통해 수익을 창출하고 있다. 이렇게 나눌 수 있는 행복한 삶을 살고 있다.

자신감은 작은 성공의 경험을 통해서 얻어지는 습관이다. 영업이든 무슨 일이든지 처음 해보려면 자신감이 별로 없다. 해보지 않았기 때문이다. 또한 성공한 경험이 부족하기 때문이다. 큰 아들이 7살이 되니 자전거를 사 달라고 해 사줬다. 처음에는 자전거를 타 본 적이 없기 때문에 잔뜩 겁을 먹은 아들의 모습이 마냥 귀여웠다.

뒤에서 잡아주지 않으면 앞으로 나아가질 못한다. 조금 나아가더라도 금방 넘어지곤 한다. 아빠가 뒤에서 잘 잡고 있다고 말하면 그제서야 안심을 하고 페달을 밟는다. 자전거를 뒤에서 잡고 한참 따라가다가 살짝 놓아버리고 그냥 뛰어 따라가면서 잡고 있는 척 했더니 아들은 넘어지지 않고 잘 달린다.

한참 만에 자기 혼자서 자전거를 넘어지지 않고 탔다는 성공의 경험을 한 아들은 조금씩 자신감이 생겨서 이제는 잡지 말라고 한다. 성공은 성공을 낳는다. 우리가 작은 성공의 습관을 만들어야 하는 이유다. 자신감을 기르려면 과거의 실패를 잊어버리고 성공한 경험을 생각해야 한다.

나는 전문대학에 입학했을 때 할 수 있는 작은 것부터 시작했다. 하나씩 경험하며 배우기 시작했고, 30여개의 자격증을 취득했다. 자신감이 생겨 편입을 해서 더 공부하고 싶은 마음이 생겼다. 기업의 후원을 얻어 수차례 해외여행을 공짜로 다녀올 수 있었다. 그 과정에서 수많은 친구들을 만났다.

나를 만나는 많은 사람들이 "대단하다" "부럽다" "멋있다"라고 말하며 나를 치켜세워 주었다. 정말이지 나와 내가 소속되어 있는 모든 곳들이 명품이고, 최고라고 항상 생각하고, 말하고, 행동했다. 하지만 정작 자신과 소속되어 있는 곳들을 부끄러워하는 사람은 외부가 아닌 내부에 있었다.

스스로 자신을 비하하거나 부정적인 말과 행동의 습관으로 주위에 안 좋은 영향을 미친다. 자신감과 자부심은 밖이 아닌 안에서 만들어진다. 스스로의 선택으로 가질 수 있는 것이다. 나는 영업현장에서 누구를 만나더라도 '내가 다니는 회사가 최고다'라는 마인드로 말하고, 행동했다.

자신감과 자부심이 없는 사람들은 회사에 무엇을 바라기만 하는 사람들이다. 가진 것에 고마움을 알지 못하고, 초심을 잃은 사람들이다. 이런 사람들은 영업이 잘 될 리가 없다. 내가 자신감과 자부심을 가질 수 있었던 것은 회사에 무엇을 바라기보다 '회사를 위해 내가 할 수 있는 일이 무엇이 있을까?'라고 생각했기 때문이었다.

내가 다녔던 학교는 남들이 소위 말하는 명문대는 아니다. 회사도 마찬가지다. 하지만 내가 최고가 된다면 자연스레 내가 소속된 학교도 회사도 최고가 될 것이라 생각하고, 말하고, 행동했다. 스스로가 내가 소속된 곳을 사랑하지 않거나 자랑하지 않으면 그 누구도 사랑하거나 자랑해 주지 않는다.

자신이 소속된 학교나 회사를 탓하지 말고 먼저 자기 스스로 자신이 소속되어 있는 곳을 최고로 만드는 습관을 가져야 한다. 영업은 노력이 아닌 습관이다. 자신감과 자부심을 가지고 영업현장에서 만나는 고객들을 대한다면, 고객은 당신을 특별한 존재로 바라볼 것이다. 그때부터 진짜 영업을 만나게 된다.

영업은 자신감과 자부심을 가질 수 있는 최고의 직업이라고 생각한다. 가장 공평하기 때문이다. 나이가 많건 적건, 스펙이 많건 적건 누구에게나 도전할 수 있는 기회를 제공한다. 그리고 자신이 노력하고 이루어낸 성과만큼 충분한 보상이 이루어진다. 내가 자신감과 자부심을 가진다면, 더 빠르게 원하는 것을 얻을 수 있을 것이다.

아무도 당신의 가치를 높여주지 않는다. 스스로 자신에게 최고의 가치를 부여하고 그에 맞는 행동과 노력을 동반해야 진정한 영업고수가 된다. 자신감과 자부심을 가져라.

Point

- 당신이 소속된 곳을 최고로 만들어라.
- 작은 성공의 습관을 만들어라
- 성공이 성공을 낳는다.

4 고객 눈높이에 맞는 코드 영업을 하라

대학교 1학년 때 과대표를 맡았다. 한 반을 이끈다는 것은 두렵기도 하고 설레기도 했다. 처음 하다 보니 방법도 몰랐다. 난 지도교수와 선배들에게 의지하여 우리 반을 이끌었다. 시간이 흐르다 보니 자연스럽게 나를 지지해주는 사람들과 그렇지 않은 사람들도 나눠졌다.

나는 반 모든 학우들과 잘 지내고 싶었다. 나를 경계하는 사람들과 더 잘 지내기 위해 노력했다. 하지만 나의 마음과 달리 다가가면 갈수록 더 멀어졌다. 평소 잘 지내던 선배를 찾아갔다.

"선배, 과대표 너무 힘들어요"

"왜? 무슨 일 있어?"

"반 모든 학우들과 잘 지내고 싶은데 잘 안 되네요"

"태호가 너무 착해서 그래. 모든 사람과 잘 지낼 필요 없어"

"네? 그게 무슨 말이세요?" 충격이었다. 모든 사람과 잘 지낼 필요가 없다니.

"처음 반을 맡아 봐서 잘 모르겠지만 일을 하다 보면 너를 잘 따라오는 학우들이 있고, 그렇지 않은 학우들이 있어. 그건 지극히 당연한 일이야. 처음에는 모두에게 잘 지내려고 노력을 하는 게 맞지만 어느 정도 시간이 흘러 나눠지게 되면 너를 경계하는 학우들에게는 중립적인 관계만 유지하면 돼. 거기에 에너지를 쏟는 시간에 너와 코드가 잘 맞는 학우들에게 시간을 쓰면 돼"

그렇다. 그때는 몰랐는데 시간이 흐르니 이제 알겠다. 그 이후 난 전체 학생회장이 되었고, 조금씩 나만의 노하우가 생기기 시작했다. 그 때 그 계기로 인해 영업을 하면서도 고객과의 관계를 만드는데 큰 도움을 받을 수 있었다. 나의 시간과 에너지를 어디에 쏟을 것인가는 내가 선택하면 된다.

나와 코드가 맞는 고객과 영업하기도 바쁘다. 괜히 나와 맞지도 않는 고객에게 스트레스 받으며 에너지를 쓰지 말라. 당신의 고객은 당신이 생각하는 것 보다 많다. 코드가 맞지 않는 고객과는 적당한 거리만 유지하면 된다. 괜히 힘 빼지 말자. 절대 두려워하지도 말자. 코드영업이란 나와 잘 맞는 고객과 좋은 관계를 유지하는 영업이다.

영업의 질을 결정하는 가장 큰 요인은 고객과의 관계라 해도 과언이 아니다. 당신이 고객과 좋은 인간관계를 유지하는 방법이나 태도를 보여준 책은 너무 많다. 영업현장에서 만나는 고객과 잘 지내기 위한 영업 화법이나 마인드, 행동을 가르쳐주는 책도 많이 있다. 그만큼 영업인들이 고객과의 관계로 고민하거나 고객과 잘 지내고 싶은 사람이 많다는 증거다.

나도 예전에는 그런 생각에 많이 힘들었다. 좀 더 분명히 말하자면, 모든 고객과 잘 지내기 위해 노력을 했었다. 보통 내가 관리해야 하는 고객 수는 약 80~100명이다. 사실 모든 고객과 잘 지낸다는 것은 불가능하다고 생각한다. 고객과 잘 지내야 하는 것은 맞다. 그래야 영업이 된다. 하지만 모든 고객과 잘 지내야 한다거나 어떤 고객과도 원만하게 지내는 것이 영업을 잘하는 거라는 판단은 하지 않는다.

카네기는 "상대하기 싫은 사람과 어떻게든 가깝게 지내려고 애쓰는 것은 쓸모없는 일이며 그런 일에 단 1분이라도 인생의 시간을 할애할 가치가 없다"는 사고방식을 가진 사람이다. 기본적으로 나는 카네기와 같은 생각이다.

우리 주변에는 수많은 사람들이 있다. 거래처도 많고 고객의 수도 많다. 물론 영업 특성상 불특정 다수의 고객이 아닌 특정 거래처, 특정 고객을 관리해야 하는 영업인들의 입장은 다를 수 있다. 하지만 어딘지 모르게 불편함을 느끼는데도 필사적으로 잘 지내려고 신경을 곤두세워야 할 정도의 고객이라면, 그와는 만남을 최소화하면서 새로운 만남을 기대하는 것이 훨씬 좋은 결과를 얻을 수 있다.

나와 고객도 궁합이 있다. 서로 마음이 맞는다는 표현처럼, 많은 고객들 가운데에는 왠지 잘 맞는 사람이 있는가 하면 싫지 않은데도 기분이 썩 내키지 않는 사람도 있다. 너무도 당연한 일이다. 거래처의 모든 사람들과 두루두루 잘 지내려고 하면 항상 긴장하게 되고 스트레스는 한없이 늘어나게 된다.

영업은 선택의 연속이다. 고객과의 관계에서도 그 원칙은 적용된다. 모든 고객과 잘 지내기 위해 신경을 곤두세울 것이 아니라 나와 잘 맞는다고 느껴지는, 고객에게 마음을 다해 성심성의껏 응대하며 지내는 것이 좋다. 나와 코드가 맞는 고객과 잘 지내는 영업을 하면 된다.

▌ 맞지 않는 고객에 미련을 없애라

그렇다면 고객과 코드가 맞는지 여부는 어떻게 알 수 있을까? 알아보는 간단한 방법이 있다. 고객과 같이 있는 시간이 길게 느껴지는가 짧게 느껴지는가를 살펴봐라. 똑같은 1시간이라 해도 애인과 함께 있는 것과 지루한 회의로 보내는 한 시간은 상당한 차이가 있다.

제약영업의 특성상 특정한 고객과 일하고 있다면, 잘 맞지 않는 고객을 피하는 태도로 임하기는 어려울 것이다. 그런 경우에는 위에서도 말했듯이 상대를 무조건 부정하거나 싫어하는 티를 내지 않도록 주의하는 것이 좋다. 코드가 맞지 않는 고객에게는 중립적으로 대하면 된다.

얼마 전 중요한 고객과 1시간 정도 미팅을 가졌다. 처음 만나는 고객이어서 제품에 대한 자료, 데이터를 충분히 조사해 갔다. 1시간이 흐르고 이야기가 얼추 끝났는데도 그 고객과 조금 더 대화를 나누고 싶다는 생각을 가졌다. 물론 내가 준비한 자료, 데이터는 충분히 전달했다.

나와 코드가 맞는 고객이다. 가능하면 자신이 도움을 받을 수 있는 고객과 많은 시간을 보내야 한다. 그런 고객을 나도 도울 수가 있다. 그것이 진정한 의미에서 고객과의 관계를 잘 유지하는 방법이다. 10년 이상 영업을 하면서 고객눈높이에 맞는 코드영업의 공통적인 비법을 한 가지 발견할 수 있었다.

바로 웃는 얼굴과 "감사합니다"라는 말이다. 나는 늘 미소를 머금은 얼굴과 함께 "감사합니다"라는 말을 자주 사용한다. 그러면 온 몸에 힘이 나고, 스스로 기분이 좋아지는 경험을 하게 된다. 오늘도 밝은 미소와 감사하다는 인사를 잊지 말고 해보자. 고객이 없어도 괜찮다.

아침에 출근할 때, 영업현장에서 이동할 때, 문득 거울에 비친 자신의 모습을 향해 웃는 얼굴과 감사를 보내도 좋다. 누구에게 보여주기 식이 아니라 자신에게 잘 보이기 위해 노력하라. 인생은 자기 자신의 것이다. 영업도 스스로 하는 거다. 코드영업에서 중요한 것은 자기 확신을 가지고 자기 방식을 유지해 나가면 고객들도 언젠가 인정해주게 된다.

성과가 중요하고 고객과의 관계가 중요하다는 사실은 알고 있다. 하지만 그것에 휘둘린 나머지 그보다 더 중요한 일을 할 시간과 에너지를 낭비해서는 안 된다.

5 영업은 실천이다

"누구나 자신이 최선을 다해서 영업한다고 합니다. 모두가 열심히 한다고 하죠. 하지만 어떤 영업자는 한 달에 수천만 원의 수입을 올리고 또 어떤 영업자는 300만원도 채 안 되는 수입을 올리고 있습니다. 모두가 최선을 다해서 일한다고 하는데 왜 이렇게 많은 차이가 날까요? 회사 평가의 문제일 수도 있고, 시스템의 차이일 수도 있습니다. 저는 영업은 머리와 생각으로 하는 것이 아니라 마음과 실천에서 시작한다고 생각합니다. 생각 없이는 아무것도 할 수 없지만, 실천이 없으면 아무 일도 일어나지 않습니다. 지금 하고 있는 영업에 실천을 더해서 모두가 원하는 목표달성과 성과를 이루길 바랍니다. 감사합니다."

전국 영업 1등을 하고 많은 사람 앞에서 강연을 했는데, 그때 내가 말했던 이야기의 일부다. 수많은 영업사원들이 열심히 일하고 있다. 똑같이 열심히 하는데 너무 많은 차이가 난다. 실제로 다니는 회사에서 월간 목표 초과달성을 하면 2,000만 원을 받고, 목표 미달을 할 경우는 300만원도 채 안 되는 수입을 올린다. 이것은 바로 생각이 아닌 실천에서 오는 차이인 것이다.

영업을 한 지 5년이 지났을 때 일이다. 처음으로 슬럼프가 왔다. 일이 재미없고, 생각만으로 영업을 하는 나 자신을 발견했다. 실천을 해야 하는데 그냥 일이 싫었다. 출근 후에는 디테일 자료를 챙겨 생각만으로 영업을 했다.

한여름 땀이 뻘뻘 흐르는 무더운 날씨에는 덥다고 일을 소홀히 했다. 눈이 펄펄 오는 추운 날씨에는 춥다고 일을 등한시했었다. 어느 순간 '내가 지금 뭐 하는 거지?'라는 생각이 들었다. 영업을 시작하게 된 계기에 대해 문득 생각이 들었다.

'그래! 맞아 내가 지금 하고 있는 영업은 내가 원하는 목표를 이루기 위한 과정일 뿐이야. 만약 이 과정을 소홀히 한다면 나의 목표달성은 어렵다. 다시 마음을 다 잡고 원하는 목표를 위해 달려가자' 난 영업을 선택한 분명한 이유와 목적이 있었다. 영업현장의 경험을 배워 영업하는 모든 분들 대상으로 동기부여 강연가가 되어 나만의 경험과 지식을 전달하는 메신저의 삶을 살고자 했다.

지금은 작가, 강연가, 동기부여가로 전국을 다니며 강연을 하는 메신저의 삶을 살고 있다. 이 자리까지 오는 과정이 쉽지 많은 않았다. 슬럼프에 빠졌을 당시 내가 깨달은 것은 일을 하다 보면 매너리즘에 빠지기도 하고, 슬럼프가 오기도 한다. 이것은 누구나 겪는 당연한 과정이다.

그때는 회사를 그만둬야 하는 생각까지 했었다. 친한 선배에게 자문을 구했다. 그 선배는 나에게 이런 말을 해줬다.

"태호야, 영업뿐만 아니라 어떤 일을 하다 보면 누구나 겪는 자연스러운 과정이야"

나의 현재 상황을 공감해주고 들어줬다. 그 자체만으로 큰 위로와 힘이 된다는 것을 배웠다.

"선배, 그냥 뭐든 다 하기 싫을 때 어떻게 해야 할지 모르겠어요"

"그럼 하지마. 지금 하는 일을 그만두라는 이야기가 아니라 천천히 가. 뭐가 그리 급하다고. 지치지 않는 열정이 중요한 거지. 양은냄비처럼 금방 끓었다가 식어지는 열정이 중요한 게 아니야."

이런 상황에서 어떤 사람은 금방 빠져나오고, 또 다른 사람은 더 슬럼프에 빠지게 된다. 이 선배의 말처럼 슬럼프가 올 경우에는 잠시 멈춰서 나를 돌아보는 시간을 가져보는 것도 좋은 방법이다. 선배의 도움으로 나는 빠르게 그 상황에서 빠져나올 수 있었다. 이 계기로 신기하게도 일에 더 재미가 붙었다.

▮ 구체적인 방법

아직도 주위에는 나처럼 슬럼프가 오거나 매너리즘에 빠진 경우가 아님에도 불구하고 생각으로만 영업하는 사람을 많이 볼 수 있다. 영업은 실천이다. 너무도 당연한 말이지만 생각만 하고 실천을 하지 않는 것이 문제다. 지금도 그렇고 앞으로도 생각만으로 영업을 하는 사람들은 계속 생겨날 것이다.

회사나 영업 조직에서 제대로 이런 문제의 방법이나 해결책을 가르쳐주지 않기 때문이다. 회사는 혹은 조직의 팀장은 항상 이렇게 말한다.

"영업은 지치지 않는 것이 중요해. 지치면 안 돼. 마라톤과 같이 끝까지 열심히 달려야 해. 그게 영업이야. 지치지 말고 열심히 하면 돼."

이런 정형화된 말로 직원들의 마음을 움직일 수 있을까? 구체적인 방법을 제시해줘야 한다. 더 나아가 왜 영업을 하고 있고, 어떻게 실천을 해야 하는지에 대한 명확한 가이드라인이 필요하다. 세상이 바뀌었고 시대가 바뀌었다. 더 이상 5년 전, 10년 전 무식하게 영업하는 구시대적인 영업방식으로는 성공할 수 없다.

아무도 당신에게 제대로 된 영업 방식을 알려주지 않는다. 구체적인 방법을 모르기 때문이다.

예전에 분양 영업을 할 때의 일이다. 주상복합아파트를 판매하는 일이었다. 길거리에 지나가는 사람들 대상으로 리플릿을 건넨다. 반응을 보이는 사람에게 아파트에 대한 장점을 설명하여 분양 사무실에 있는 팀장에게 연결해주는 일이었다. 새벽부터 출근하여 남들 다 퇴근한 늦은 밤까지 누구보다 열심히 일했다.

하지만 나는 분양 영업을 하면서 단 한 건의 계약도 체결하지 못했다. 열심히 일했지만 생각만으로 일하는 척을 한 것이다. 그 당시 함께 분양 영업을 하는 친구가 있었다. 그 친구는 수시로 계약을 체결 했다. 도대체 무슨 차이였을까? 생각해보니 그 친구는 본인의 생각을 실천하는 영업을 했다.

모두가 다 열심히 한다. 나는 계약을 체결해야만 한다는 생각으로 무작정 길거리에서 지나가는 사람 모두를 대상으로 리플릿을 건넸다. '그 중에 한 명이라도 걸리면 돼'라는 방법으로 실천이 아닌 단순 행동을 한 것이다. 이런 게 열심히 했다고 할 수 있을까?

하지만 그 친구는 달랐다. '그 중에 한 명이라도 걸리면 돼'라는 단순 행동이 아니라 당장 눈앞에 지나가는 사람을 보지 않고, 우리가 판매하는 주상복합아파트 옥상에서 숲을 보듯이 길거리 전체를 보며 실천했다. 이때 내가 배운 것은 목표달성 물론 중요하다. 그 자체만 집중하게 되면 전체를 보는 것이 아니라 눈앞에 있는 나무만 보게 되는 우를 범하게 된다는 것이다.

그러면 실천이 아닌 단순 행동만을 반복하게 되면서 열심히 하고 있다고 착각을 하게 된다. 실천이란 '생각한 바를 실제로 행함'이다. 영업은 실천이다. 생각하기 위해 목표자체만 볼 것이 아니라 목표를 이루기 위한 과정. 즉 전체를 봐야 한다. 나무가 아니라 숲을 봐야 한다는 말도 있지 않은가.

단순 행동을 반복하면서 열심히 한다고, 실천하고 있다고 착각하지 마라. 초보영업사원은 열심히만 한다. 하지만 영업고수는 이렇게 말한다. "영업은 실천"이라고.

6 영업은 습관이다

나는 사회 초년병 시절에 기업교육, 코칭, 대학생교육을 제공하는 회사 한국리더십센터 인턴으로 합격했다. 1차 서류와 2차 면접을 통과하여 최종 합격한 한국리더십센터 3개월 동안 가장 크게 배운 부분은 습관의 중요성이었다.

'성공하는 직장인 되기 인턴십 프로그램'은 한국리더십센터의 인턴십 프로그램으로 『성공하는 사람들의 7가지 습관』 등 한국리더십센터의 대표적인 교육에 참가할 수 있을 뿐만 아니라 각 부서에 배치되어 현업과 성공하는 직장인으로 성장할 수 있도록 도움을 주는 프로그램이었다.

'성공하는 직장인 되기'로 활동하면서 받은 혜택은 상상 이상이었다. 약 300만원 상당의 세미나에 참석할 수 있었으며 영업, 마케팅과 관련한 다수의 워크숍 및 특강 교육에 참여했다. 또한 세계적인 자기 계발의 도구 프랭클린플래너를 지급받아 기록, 메모의 습관도 형성하게 된 계기가 되었다.

특히 '성공하는 사람들의 7가지 습관' 세미나는 나의 의식을 확장하는 첫 번째 사건이었다. 이 계기로 수입의 10%는 배움을 위하여 나에게 투자하는 습관을 지금까지 계속 해오고 있다. 앞으로도 계속 할 것이다.

인턴 후 본격적으로 영업을 배우기 위해 선택한 첫 직장은 국내 제약회사였다. 입사 3년차, 5년 이상, 10년 이상 경력의 베테랑 선배들도 포진되어 있었다. 이쪽 일을 처음 접한 나는 정말 막막했다. '시키는 대로 무조건 열심히 하겠습니다'라는 마음으로 업무에 임했다. 그런 나에게 선배는 항상 이렇게 말했다.

"정말 열심히 노력해야 한다. 적어도 1년은 배운다 생각하고 제품 공부만 열심히 해. 너는 신입이니깐 무조건 열심히 노력하면 돼."

구구절절 맞는 말이다. 하지만 나는 선배의 조언을 받아들

일 준비가 되어 있지 않은 상황에서 옳은 말만 하니 내 마음은 동요되지 않았다. 신입이라는 것을 강조하며 나를 무시하듯 대했다. 그리고 노력을 강조했다. 어느 날은 식당에 날 불러 노력에 대해 강조하며 나의 자존심을 건드렸다.

순간 그런 내가 너무 부끄럽기도 하고, 창피했었다. 노력은 물론 중요하다. 노력하지 않는 영업인이 어디 있는가? 모두 다 열심히 노력한다. 노력만으로는 다른 사람과 차별화 될 수 없다는 이야기다. 다른 사람과 차별화될 만한 습관을 가져야 고객은 당신에게 귀를 기울일 것이다.

처음 회사에 입사했을 때는 아무것도 모르니 그동안 선배들이 노력해왔던 영업방식을 그대로 모방하며 따라 하려고 노력했다. 못 마시는 술을 먹어가며 영업을 하기도 했고, 피우지 않았던 담배를 피우기도 했었다. 술과 담배는 나쁜 습관 중의 하나다. 이런 습관을 평생 유지해야 하는 생각을 하니 섬뜩한 마음이 들었다. 그때부터 나는 술과 담배를 끊었다.

❙ 열심히 노력만 하는 사람은 많다

영업은 습관이다. 누구나 선택한 영업을 잘하고 싶어 한다.

빠르게 변화하는 시장 상황에서 살아남기 위해 우리는 더 많은 것을 성취하려 하고, 고객과의 좋은 인간관계를 맺으며, 더 빠르게 성과를 내고 싶은 욕구가 있다. 나아가 조직에서 인정받고 싶고, 행복한 인생을 살고 싶어 한다.

영업을 잘하기 위한 노하우나 방법은 무궁무진하다. 모두가 정말 열심히 노력한다. 숫자로 평가받는 냉정한 사회에서 열심히 노력하지 않으면 일을 계속 할 수가 없다. 그런 구조다. 다른 영업사원들과 구별된 방식으로 고객을 대하려면 당신만의 좋은 습관을 가져야 한다. 술과 담배를 끊고 나니 고객과 커뮤니케이션하는데 더 자신감이 생겼다.

전날 과음하는 날이 없으니 다음 날 일어날 때 상쾌하게 시작할 수 있다. 하루를 벌게 되었고, 시간을 벌 수 있다. 이 시간에 그날 해야 할 일의 리스트와 방문할 거래처 동선을 계획한다. 좋은 습관은 긍정의 마음을 갖게 한다. 이런 마음으로 고객을 만나면 고객은 "무슨 좋은 일 있으신가 봐요?"라고 웃으면서 나에게 관심을 갖는다.

어느 날 선배의 영업현장에 동행방문을 한 적이 있다. 그 날은 우리 회사의 신제품이 나온 상황이었기 때문에 신규를 위한 고객과의 미팅에 참석했다. 선배는 고객에게 새로 출시된 제품의 모든 지식을 쏟아냈다. 고객은 듣기만 할 뿐이었다. 내가 볼 때 그건 고객과의 대화라기보다 웅변을 배우려는 학생을 앉혀놓고 강의하는 선생님의 모습 같았다.

'뭐지, 저게 영업 대화인가? 그냥 외운 제품을 앵무새처럼 말하는 것인데…. 원래 영업은 이렇게 하는 건가?'

그 선배는 고객과의 대화를 나눈 것이 아니었다. 그냥 자신의 제품 지식을 자랑한 것이다. 선배의 미팅은 신규 계약으로 일어나지 않았고, 나는 제품 지식만 조금 더 뒷받침되면 내가 훨씬 잘할 수 있다는 확신이 들었다. 그리고 이후에도 선배와 함께할 때마다 해야 할 것과 하지 말아야 할 습관들을 열심히 받아 적으며 공부했다.

고객과의 영업대화는 내가 아닌 고객이 더 많은 말을 하게 해야 한다. 그게 영업대화다. 질문을 해야 하고, 경청을 해야 한다. 혼자 신제품의 지식을 외워서 고객에게 자랑하는 식의 대화는 열심히 그 제품을 외우기 위해 노력한 것이다. 하지만 질문과 경청의 대화법은 습관이다.

평소에 고객에게 질문하는 습관과 고객의 말을 경청하는 습관을 통해 우리가 원하는 것을 얻을 수 있어야 한다. 단순히 노력만으로 제품 지식을 전달한다면 고객과의 깊은 대화는 어느 순간 나눌 수 없게 된다. 그러다 보니 영업현장에서 만나는 고객이 좋아할만한 영업사원의 공통점 몇 가지를 발견할 수 있었다.

우리의 고객은 늘 바쁘다. 그들이 우리를 만나준다면 뭔가를 기대하기 때문인 것이다. 고객에게 중요한 그 시간을 뺏는 대신 그들에게 무엇을 줄 것인지를 고민하는 습관을 해야 한다. 고객과의 중요한 미팅일수록 말하는 대신 고객의 말을 잘 경청하는 습관을 통해 고객의 심리상태나 상황을 이해해야 한다.

내가 이직을 결심하고 외국계 기업으로 간다고 했을 때에도 부정적인 의견이 많았다.

"조금 더 같이 일하자. 아직은 때가 아니다. 더 배워서 가라."

지금 생각해보면 나에게 왜 그렇게 말했는지 이해가 된다. 당시 부정 섞인 걱정뿐이었지만 결국 나의 성공적인 이직을 보며 내 뒤를 따라 더 큰 회사로 이직에 성공한 동료들이 늘어나고 있다는 소식을 접했다. 가끔 영업현장에서 그들과 만나

서로의 정보를 교류한다. 그 당시 나에게 노력하라고만 강조했던 선배들도 가끔 나에게 안부전화를 하며 부러운 시선으로 나를 바라보고 있다.

영업활동에서 노력은 절대 빠질 수 없는 기본적 요소다. 하지만 노력만으로 억대 연봉을 받는 영업고수가 될 수는 없다. 노력만 갖추고 습관이 부족한 영업사원은 절대 성공가도를 달릴 수 없다. 영업부터 시작해서 최고의 자리까지 올라간 영업고수들이 정말 다 노력만 한 것일까? 절대 아니다. 노력을 한다는 것은 좋지만 영업고수에게 노력보다 중요한 것은 좋은 습관을 만드는 것이다.

영업고수들은 끊임없이 영업현장에서 고객을 대하면서 좋은 습관을 만든 사람들이다. 영업은 노력이 아닌 습관이다.

7 특화된 영업을 하라

"안녕하세요, 원장님"

"안 그래도 기다리고 있었어요. 이리와 앉아보세요."

"네? 제품 관련 궁금한 내용 있으세요?"

"이거 받아요."

얼마 전 대형 거래처 대표원장으로부터 명품 지갑을 선물 받았다. 지난해 우리 병원을 위해 애써줘서 고맙다는 의미로 준비했다고 하셨다. 정말 놀라웠다. 선물을 떠나 내가 하는 영업이 고객에게 도움이 되고, 거래처에 가치를 전달해주는 것 같은 기분 좋은 느낌이 들었기 때문이다.

대부분의 사람들은 영업한다고 하면 단순히 물건을 판매하는 사람으로 생각한다. 물론 틀린 말은 아니다. 하지만 흔히 말하는 장사나 판매, 영업은 각각 특성이 다르다. 제품을 파는 것을 판매라고 한다. 물건을 사고파는 일은 장사다. 한편 영업은 비즈니스다. 고객과의 지속적인 관계를 통해 이익이나 수익을 올리는 활동이다.

사실 모든 일은 영업이다. 내 삶이 영업이다. 나는 영업을 목숨 걸고 한다. 영업을 통해 기쁨을 얻는다. 기쁨은 내가 하는 영업에서 엄청난 즐거움을 느끼게 해준다. 영업은 경력이 오래되었다고 잘하는 것이 아니다. 학력이 높다고 해서 잘하는 것도 아니다. 그 어느 때보다 빠르게 변화하는 시장 상황에서 어느 누구도 정답을 갖고 있지 않다.

중요한 것은 '왜 나는 지금 이 영업을 하고 있는가?' '목표달성을 위해 지금 무엇을 할 것인가?' '무엇을 하기 위해 어떻게 할 것인가?'에 대한 이해가 필요하다. 또한 진실성과 믿음을 가지고 얼마나 최선을 다하느냐는 것이다. 이에 따라 영업의 성과가 달라지기도 한다.

그렇게 하는 영업고수들은 어려운 과정이 오더라도 쉽게 무너지지 않으며, 원하는 결과를 가져오는 기반이 된다. 그들만의 특화된 영업을 하기 때문이다. 이런 특화된 영업을 하기 위해 내가 세운 몇 가지 원칙이 있다.

첫째, 영업하는 이유를 명확히 해야 한다. 단순히 먹고 살기 위해 일을 하는 것 보다는 자신의 일을 통해 누군가에게 도움을 주고, 선한 영향력을 발휘하는 삶의 목적이 분명한 사람들이 하는 영업은 다르다. 이건 누가 뭐래도 고객이 정확히 알고 있다. 앞에서도 말했듯이 나는 영업을 선택한 분명한 이유가 있다. 기업현장에서 직접 고객을 대하고, 영업인들의 마음을 이해하기 위해 이 일을 선택했다. 훗날 그들에게 영업코칭을 해주고, 컨설팅을 하며 동기부여를 해주는 메신저의 삶의 소명이 있기 때문이었다. 지금은 수많은 영업인들을 코칭하며 동기부여를 해주고 있다.

둘째, 항상 긍정적인 마인드를 갖고 영업해야 한다. 세상 모든 일이 항상 좋을 수는 없다. 회사에서 영업을 해보면 나와 맞지 않는 일이 다반사다. 팀장과의 갈등, 동료와의 갈등 심지어 마케팅부 직원과의 갈등. 회사에 소속되어 영업을 한다면 나와 의견이 다르더라도 너무 강하게 내 의견을 말하는 것 보다는 전체적인 흐름을 긍정적으로 가져가는 게 훨씬 좋다. 모든 것을 혼자 할 수는 없다. 도와주는 사람이 있어야 하고, 혼자 하는 것보다 함께 할 때 비즈니스가 원활히 이루어질 수 있기 때문이다. 비즈니스도 좋을 때가 있고 나쁠 때가 있듯이, 영업도 오르막 내리막이 있다. 지금 영업이 잘 된다고 우쭐할 필요도 없고, 안 된다고 주눅들 필요도 없다. 긍정적인 마음으로 준비하면 기회는 반드시 생긴다. 마케팅부에서 영업 전략을 세울 때 영업부의 의견을 경청해서 준비하지만 모든 영업부 직원들의 의견을 반영할 수는 없다. 충분히 이해는 한다. 하지만 실제 영업현장을 너무 모르는 방향이나 전략을 세울 때는 나도 모르게 화가 나기도 한다.

하지만 그럴 때 화를 내고, 비판의 날을 세우면 전체적인 분위기가 부정적으로 흐르는 경우를 많이 경험했다. 나와 맞지 않는 방향 제시가 되어도 회사에서 결정한 대는 분명한 이유가 있을 것이라는 긍정적인 마음으로 임해야 한다. 개인이 아닌 전체를 봐야 하기 때문이다.

셋째, 항상 고객에게 감사하는 마음을 가져야 한다. 결국 우리의 목표달성과 성과를 도와주는 사람은 고객이다. 그들은 우리가 원하는 목표를 달성할 수 있도록 도움을 주는 사람들이다. 고객에게 진심으로 감사하는 마음을 가져야 한다. 그렇다고 고객에게 쩔쩔매라는 의미가 절대 아니다.

영업은 비즈니스다. 비즈니스는 고객과의 좋은 관계를 통해 서로 도움을 주고, 받으며 수익을 올리는 일이다. 너무 한쪽으로만 치우쳐서 영업을 해서는 안 된다. 서로 균형을 맞춰 당당하고 자신감 있는 영업을 해야 한다. 고객에게 감사한 마음을 가지면서 말이다. 사실 영업을 하다보면 어떠한 시련이나 어려움이 온다. 자연스러운 과정이다. 지금은 감사할 상황이 아니더라도 항상 극복할 수 있다는 확신의 믿음으로 나아가야 한다.

내가 만난 고객 중에 경쟁사인 G사의 제품을 선호하는 고객이 있었다. 우리 회사의 주력제품인 백신에 대한 장점과 효과를 아무리 설명해도 내가 하는 말에 전혀 신뢰를 보이지 않았다. 그래서 영업 방법을 바꿔 단순히 우리 회사 제품이 좋다는 것만 강조하기보다 경쟁사와의 비교표를 가지고 어떤 것이 좋고 나쁜지를 비교해서 보여주었다.

그제야 그 고객은 내가 설명하는 부분에 조금 동의를 했다. 결론적으로 그 고객에게 경쟁사 제품 모두를 우리 회사 제품으로 바꿀 수는 없었지만 일부 대체할 수는 있었다. 하지만 결과보다 과정에서 나도 더 많이 공부할 수 있었다. 그 고객 덕분에 평소에 생각하지 못한 제품에 대한 질문을 받을 수 있었고, 그것이 경험이 되어 향후 다른 고객을 만났을 때 더욱 자신감 있게 설명할 수 있었다.

2015년, 전국 영업 1등을 하고 팀장이 내게 말했다.

"태호야, 너무 잘했다. 하지만 영업은 잘될 때가 있고, 그렇지 않을 때가 있다." 그러면서 일희일비하지 말라고 하셨다. 그분의 칭찬과 격려가 약이 되어 위기가 와도 잘 견뎌낼 수 있었고, 좋은 성과가 나와도 차분하게 나를 다스릴 수 있었다. 어려움이 닥치더라도 좋은 일이 있어도 분석하고, 긍정적인 부분을 찾는 것은 그때부터 나에게 하나의 습관으로 자리 잡았다.

영업은 노력이 아닌 습관이다. 특화된 영업은 결코 쉽지는

Point
- 영업하는 이유를 명확히 하라
- 긍정적인 결과를 그리며 영업하라
- 고객과 좋은 관계를 유지하며 도움을 주고 받아라

않다. 그렇다고 쉽게 포기할 필요는 없다. 하고자 하는 명확한 이유와 의지. 긍정과 감사의 좋은 에너지만 있다면 누구나 특화된 영업을 할 수 있다. 영업은 좋을 수만은 없다. 어떠한 어려운 과정이 와도 스스로 헤쳐 나갈 수 있어야 한다.

특화된 나만의 영업을 위한 원칙을 세우고, 발전시켜 나가야 하는 이유다.

8 진정한 영업은 고객이 구매 후 시작된다

나는 패션에 관심이 많다. 정기적으로 옷을 구매하는데 특히 정장, 구두를 살 때 여러 가게를 돌아다니지 않는다. 상품 구경을 하다가 마음에 드는 물건이 있으면 일단 들어간다. 직원이 친절하게 응대하면 옷을 입어보고, 구두를 신어본다. 나에게 잘 어울린다고 생각하면 그 자리에서 바로 구매한다.

주변 사람들은 내게 옷을 어디서 구매하는지, 소개해달라고 물어보는 경우가 있다. 그러면 내가 산 그 장소를 추천해준다. 나는 돈보다 시간을 더 소중하게 생각한다. 그래서 비교하며 구매하는 것을 좋아하지 않는다. 되도록 처음 물건을 산 그 장소에서 정기적으로 구매하는 편이다. 하지만 구매 장소를 변경하는 경우가 종종 발생한다. 그 이유는 직원의 친절에 대한 변화를 감지했기 때문이다.

물건을 사기 전에는 직원의 태도와 표정, 말투는 모든 걸 다 줄 것처럼 하다가도 구매하고 나면 태도가 변하는 직원들을 보게 되었다. 간혹 이런 곳이 있다. 나는 그 곳의 옷과 구두가 정말 마음에 드는데 그 직원 때문에 재 구매를 하지 않은 경우가 있었다. 시간이 흘러 다시 방문하면 결국 그 직원은 퇴사하고 없었다.

왜 우리는 고객 한 분, 한 분과의 만남을 소중하게 여겨야 할까? 그것은 그 한 명의 고객 뒤에 더 많은 고객들이 숨어 있기 때문이다. 반대로 한 명의 고객을 실망시키면 그 영향이 그만큼의 고객에게 전달된다. 영업고수들의 영업은 고객이 구매 후 본격적으로 시작된다. 단순히 고객 주변인에 대해 추천을 받으려고 하기 보다는 구매에 대한 감사와 긍정의 확신 때문이다.

자동차 판매왕 조 지라드의 '1:250의 법칙'에서도 이러한 사실을 확인할 수 있다. 조 지라드는 "한 사람의 인간관계 범위는 대략 250명 수준이다. 나는 한 사람의 고객을 250명 보기와 같이 한다. 한 사람의 고객을 감동시키면 250명의 고객을 추가로 불러올 수 있다"라고 말했다.

완벽한 한 건의 영업을 통해 250건의 영업을 창출해낼 수 있다는 것이다.

내가 영업하는 방식이 있다. 나는 고객과 계약을 체결한 후 정기적으로 방문하여 고객관리를 따로 한다. 제품에 대한 피드백과 고객이 궁금해 할 내용들을 미리 정리하여 전달한다. 또한 고객 주변에 있는 가망고객을 만들기 위한 다음처럼 질문을 한다. "원장님, 주변에 같은 제품을 사용할 수 있는 분이 계실까요?" 그러면 그들은 흔쾌히 알려준다. 이렇게 신규영업으로 매출을 올린 사례가 많이 있다.

실제 영업의 대부분은 입소문으로 이루어진다. 영업의 목표 달성과 성공확률이 높아진다. 입소문은 우리가 생각하는 것보다 강력한 힘이 있다. 우리의 제품을 구매한 이후 고객에게 더 진심을 다해야 한다.

2010년 1월 국내 제약회사 영업부 합격 소식을 접하고, 자동차를 구매하기 위해 여기저기 알아본 적이 있었다. 어머니 친구 남편이 자동차 영업을 하셨다. 나의 입사 소식과 함께 곧 차를 구매할 예정이라는 소식을 접하신 모양이다. 당시 나에게 차를 팔기 위해 진심이 아닌 말과 행동을 보여주었다.

말로 정확히 표현할 수는 없지만 불편한 감정이 들었다. 느낌이 그랬다. 당시 나는 차를 구매할 고객이었기 때문에 딱 보면 알 수 있었다. 단순히 차 한 대를 팔기 위한 것인지 아닌지를. 나는 그 분에게 구입하고 싶지 않았지만 어머니 친구 남편이라 선택의 여지가 없었다.

그 분은 차를 팔기 전까지 거의 매일 나에게 전화를 했다. 혹시나 내가 마음을 바꾸는 것에 대한 걱정 때문이었을 것이다. 역시나 내 느낌은 정확했다. 차를 인도한 그날 이후 단 한 통의 전화도 받지 못했다. 이후 차를 구입 예정인 주변인으로부터 추천해달라는 요청을 받았을 때 그 분은 절대 소개시켜 주고 싶지 않은 영업사원이었다.

▎ 계약 이후 사후관리

영업고수들은 한 건의 계약이 체결된 이후 사후관리, 고객관리를 반드시 하는 사람들이다. 나는 고객과의 계약 이후 반드시 하는 세 가지 사후관리가 있다. 나만의 비법을 소개하겠다.

첫째, 3일 이내 고객에게 작은 선물과 함께 감사의 메시지를 보낸다. 우리 제품을 결정해준 것에 대한 고마움의 표시다. 정답은 없다. 고객에게 감사를 표시할 수 있는 자신만의 방법을 통해 표현하는 것이다. 표현하는 것만이 답이다.

둘째, 고객이 우리 제품을 결정하게 된 이유에 대해 분석한다. 고객이 제품을 구매한 이유는 분명히 있다. 필요에 의해서다. 고객의 상황에 대해 더 이해할 수 있다. 또한 어떤 문제점을 해결하기 위해 우리 제품을 구매했는지가 파악이 되면 다른 고객을 만날 때도 큰 도움이 된다.

셋째, 셀프 피드백을 한다. 스스로 이번 계약에서 잘한 점은 무엇인지, 부족한 부분은 없었는지를 분석한다. 잘한 점은 더 잘할 수 있도록 준비한다. 부족한 부분은 보완하여 다음 방문 때 그것을 충족시켜준다. 그러면 고객은 정말 좋아한다.

골프를 배운지 3년이 됐다. 사실 골프나 영업이나 모든 것이 몸으로 익히는 습관이라고 생각한다. 영업을 처음 시작하는 사람들은 열심히 노력을 할 것이다. 그 어려운 과정을 거쳐 초보영업사원에서 영업고수가 되는 사람들은 영업을 습관화했다. 자연스럽게 몸에 각인된 것이다.

영업고수들은 계약 이후에도 스스로의 셀프 피드백과 자신만의 영업 비법을 통해 앞으로 만날 고객들을 생각한다. 앞으로 영업환경은 더 변화무쌍할 것이다. 점점 경쟁은 치열해지고, 경쟁 영업자들의 지식과 영업스킬은 날로 강해지고 있다는 것을 알아야 한다. 이런 환경에서 살아남기 위해서는 자신만의 고객관리방법을 찾아야 한다.

영업 한 번만 하고, 끝나는 게 아니라면 사후관리, 고객관리는 반드시 해야 하고, 정말 중요한 부분이다. 이러한 과정에서 나는 더 성장할 수 있었다. 영업고수들은 이런 과정을 통해 새로운 고객을 창출하거나 다음 방문을 준비하여 기회를 만드는 사람들이다. 사실 이 모든 것이 습관이다.

당신에게 구매고객은 또 다른 고객인 것이다. 항상 고객관리를 해야 하는 것을 잊어서는 안 된다. 그들에게 계약만 하지 말고 그 이후를 볼 줄 알아야 한다.

고객도 당신과 다르지 않다. 만약 당신이 고객이라면 어떻게 영업하는 담당자가 더 좋아 보이고, 예뻐 보일지를 생각하면 된다. 그리고 신규고객일수록 끝까지 좋은 관계를 유지하는데 힘써야 한다.

절대로 그들에게 소홀히 하거나 당신의 열정과 가치를 보여주며 믿음을 쌓는 것을 게을리 해서는 안 된다. 한 번 만난 고객은 당신의 영업이 끝나는 날까지 떠나보내서는 안 된다.

고객 한 명이 당신을 최고의 영업고수로 만들어 줄 수도 있다는 사실을 명심해야 한다.

Point

– 골프나 영업이나 모든 것이 몸으로 익히는 습관이다.

– 당신을 최고로 만들어 줄 수 있는 건 고객이다.

– 신규고객과 인연을 오래 유지하라.

– 계약 이후가 더 중요하다.

9 명심하라,
인생은 영업이다

"인생은 영업이다."

언젠가 라디오에서 들었던 기억이 난다. 정말 공감이 가는 말이다. 내가 원하는 것을 얻기 위해 무언가를 꾀하고 경영하여 일을 성사시키는 일련의 활동이다.

태어나 지금껏 살면서 그리고 앞으로 살아갈 삶을 그려보면 세상 모든 것이 영업이다. 전문대학에 입학해서 책상 맨 앞에 앉아 교수님의 눈에 들기 위해 열심히 공부했다. 학교 선배들과 더 가까워지기 위해 노력했다. 학생회장에 선출되기 위해 친구들에게 더 노력했다.

제약영업을 할 때는 고객들에게 담당 제품을 판매하기 위해 노력했다. IT회사 팀장으로 있을 때는 함께 일하는 동료들과 더 높은 성과를 내기 위해 노력했다. 퇴근하고 집에 와서는 아이들의 눈높이에 맞춰 놀았다. 이 모든 것이 영업인 것이다.

아직도 일부 사람들은 영업에 대해서 편견을 갖는다. 누구에게 아쉬운 소리를 해야 한다고 생각한다.

"지인에게 신세지는 일은 하기 싫어!"

"영업은 너무 힘들어!"

인생 자체가 영업이기 때문에 이런 편견을 깨야만 한다. 영업은 담당 제품을 판매하는 것이 아니라 담당 제품을 고객이 필요로 해서 스스로 사게 하는 활동이다. 우리는 자신감 있게 소개만 하면 된다. 고객의 문제를 해결하는 컨설턴트인 것이다. 운전하면서 차 안에서 들었던 것처럼 인생 자체가 영업이다. 제대로 된 영업을 배워야만 제대로 된 인생을 살 수 있다. 영업이 없다면 인생도 없다.

"한 살이라도 젊을 때 영업을 시작해야 한다."

영업을 시작한 20대부터 지금까지 변하지 않는 나의 철학이다. 영업이 힘든 건 당연하니까 굳이 이야기할 필요가 없다. 뭐든지 원하는 목표가 있다면 노력해야 하는 건 당연지사다.

하루아침에 이루어지는 건 없다.

얼마 전 태권도를 배우는 첫째 아들 참관수업에 참여한 적이 있다. 태권도를 배운지 벌써 2년이나 되어 간다. 검은 띠를 넘어 4단 취득을 목표로 하루하루 열심히 하는 아들을 보면서 흐뭇하기도 하고, 참 대견스럽다. 다리를 올리고, 발로 차고, 과정 자체는 힘이 들어 보인다. 하지만 뚜렷한 목표가 있기에 재밌게 노력하는 아들의 얼굴을 보면서 난 또 배울 수 있었다.

길거리에서 아파트, 상가를 판매하기 위해 노력했던 나의 전단지를 받아주지 않는 대다수의 사람들을 보며 이렇게 생각했다.

"아니 좀 받아주면 안되나?"

이제 와 생각하면 당연한 거다. 그 사람들은 아파트, 상가에 관심이 없는 사람들이다. 그리고 바쁜 사람들이다. 그러한 과정을 통해 알 수 있었다. 뭔가를 판매하기 위해서는 우선 사람의 관심을 끌어야 한다는 것이다. 그렇게 마음이 열린 상황에서 정보를 제공해주는 것이다. 무턱대고 전단지를 주면서 보라고 하면 보기는커녕 받으려고 하지도 않는다. 직장에서든, 학교에서든 상대와 대화할 때도 분양영업을 했던 바로 그 영업현장에서 실제 경험한 사례와 똑같이 적용된다. 대화를 시작할 때는 내 얘기만 일방적으로 시작하면 안 된다는 것이다. 상대방의 관심을 끌만한 소재를 활용하여 가볍게 터치해주는 것이 좋다. 그러면 자연스럽게 상대의 마음이 열리면서 당신에게 호감을 가지기 시작할 것이다.

▌ 영업은 마라톤

나는 운전병으로 군 입대를 했는데, 운전 배우는 재미에 남들과는 다르게 군 생활이 재밌었다. 상병이 되던 해 부대로 공문이 내려왔다. '국군방송 아나운서 모집' 보는 순간 가슴이 쿵쾅거려 잠을 이룰 수 없었다. 도전 해보고 싶었다. 즉시 부대장님께 보고 후 지원하게 되었다. 결과는 합격. 뛸 뜻이 기뻤다. 제대할 때까지 많은 군부대 장병들과 인터뷰하며, 방송하면서 즐거운 군 생활을 마칠 수 있었다. 물론 눈치도 보였다. '해도 될까? 그냥 하지 말까?' 여러 번의 생각이 왔다 갔다 했지만 지금 해보지 않으면 후회할 것만 같았다. 부대장님께 보고 하기 전 군군방송 아나운서를 활동하고 싶은 이유와 목적에 대해 상세히 정리하여 보고 드렸다. 원하는 목표를 성취하기 위해서 아무 생각 없이, 준비 없이 들이대는 사람은 없을 것이다. 이처럼 원하는 목표달성을 위해서는 상대의 마음을 얻기 위한 일련의 과정이 필요한 것이다. 이 모든 것이 영업이다.

원하는 목표 달성을 위해 도전 했으나 떨어졌다면, 그래도 괜찮다. 너무 속상해 하지 말라. 떨어진 이유에 대해 분석하고 재도전 하면 그만이다. 영업은 100m 단거리 달리기가 아니라 마라톤 경기라는 것을 명심해야 한다. 조급해하지 말고 당신이 정한 방향에 믿음이 있다면 걱정, 근심 떨쳐 버리고 나아가라. 힘들거나, 지치면 어떤가. 창피하고, 부끄러우면 어떤가. 그러한 모든 과정들이 훗날 당신을 더 빛나게 하는 원동력이 된다. 그게 인생이고 영업이다. 주변을 보아라. 다 그렇게 살고 있다.

뚜렷한 목표나 노력 없이 그냥 살면 아무 일도 일어나지 않는다. 인생에서 성공하고 싶다면, 영업에서 성과를 내고 싶다면, 인정받고 싶다면 어떻게 해야 할까? 처절한 노력과 계획 없이 그냥 살면 안 되는 이유다.

지금까지 30여개 이상의 자격증을 취득했다. 취득한 대부분의 자격증 시험이 필기와 실기시험으로 구분된다. 30여개의 자격증을 취득하기 위해 딱 30번만 응시했을까? 절대 아니다. 40번, 50번 그 이상이 될 수도 있다. 최근에 취득한 자격증이 바로 소방안전관리자 2급 자격이다. 크게 2과목으로 나뉘는데 소방관계법령, 소방학개론, 응급처치, 소방안전교육 등의 내용을 배울 수 있다. 4일간 종일 교육을 받고, 시험을 치른다. 지금까지 소방에 대한 공부를 한 적이 없다. 자격증 준비를 위해 처음 시작하다 보니 내용이 너무 어려웠다. 총 4번이나 떨어졌다. 결국 5번째 시험에서 합격 할 수 있었다. 인생도 영업도 마찬가지다. 될 때까지 하면 된다. 소방안전관리자는 소방안전관리대상물에 의무적으로 선임하도록 법으로 규정되어 있다.

먼 훗날 내 건물에 강의장을 만드는 목표를 가지고 있다. 돈을 주고 선임해도 된다. 하지만 지금부터 뚜렷한 목표를 더 단단하게 하기 위해 하나씩 준비를 하는 것이다. 지금 당장 필요하지 않더라도 미리 미리 준비를 해야만 한다. 인생이 모두 그렇듯 영업 역시 누구나 할 수 있지만, 모두가 좋은 인생을 살 수 없다. 하지만 이것 하나는 확실하다. 영업은 '미리 준비해야 한다'는 사실이다. 비록 현재로써는 귀찮고, 바쁜 일정이지만, 그 후에 일어날 인생을 염두에 둔다면 미리 준비해 놓는 것이 그리 손해 보는 일은 아닐 것이다. 이제 영업현장에서는 점점 치열해지는 경쟁으로 인해 1%라도 우위에 서고자 부지런히 준비하는 것이 당연시되고 있다.

영업이 어렵다고 절대 생각하지 마라. 아직 많은 인생을 살지는 않았지만 지금까지도 많은 일들이 있었다. 즐거움, 어려움, 기쁨, 슬픔 등 얼마나 많은 감정의 기복을 경험했던가. 인생에 다양한 이벤트를 경험하면서 어려움이 없는 시기는 없었다. 그 시기만 잘 이겨 내면 된다. 길거리에서 전단지를 들고 영업을 시작한 내가 했다면 당신도 할 수 있다.

세상 모든 지식과 경험은 책이 될 수 있습니다.
책은 가장 좋은 기록 매체이자 정보의 가치를 높이는 효과적인 도구입니다.

갈라북스는 다양한 생각과 정보가 담긴 여러분의 소중한 원고와 아이디어를
기다립니다.

- 출간 분야: 경제 · 경영/ 인문 · 사회 / 자기계발
- 원고 접수: galabooks@naver.com